韓国語スタート!

長谷川由起子 著

アルク

- 弊社制作の音声CDは、CDプレーヤーでの再生を保証する規格品です。

- パソコンでご使用になる場合、CD-ROMドライブとの相性により、ディスクを再生できない場合がございます。ご了承ください。

- パソコンでタイトル・トラック情報を表示させたい場合は、iTunesをご利用ください。iTunesでは、弊社がCDのタイトル・トラック情報を登録しているGracenote社のCDDB（データベース）からインターネットを介してトラック情報を取得することができます。

- CDとして正常に音声が再生できるディスクからパソコンやMP3プレーヤーなどへの取り込み時にトラブルが生じた際は、まず、そのアプリケーション（ソフト）、プレーヤーの製作元へご相談ください。

まえがき

　ヨロブン、アンニョンハセヨ？（みなさん、こんにちは）
　みなさんは、韓国語を学ぼうと本書を手にされたはずですが、どういうきっかけで韓国語を学ぼうと思われたのでしょうか。旅行？　グルメ？　美容？　韓流スター？
　私も韓国ドラマやK-POPが大好きですが、30年前に私が韓国語を学び始めたころは、このように身近で魅力的なエンターテインメントはありませんでした。私の場合、韓国語を勉強し始めたのは、些細なきっかけからでしたが、勉強し始めた途端、思いがけず韓国語の学習そのものの魅力に取り付かれ、今現在までずっとその魅力のとりこになっています。
　何が魅力かというと、まず、韓国語は日本語と本当によく似た言語ですから、しばらく勉強に没頭していると、みるみる韓国語の世界が目の前に開けていきます。これは実に楽しいことでした。そしてもうしばらく勉強していると、今度は違いが目に付きだします。微妙な違いから、正反対とも言える違いまで、様々な質の相違点が圧倒的な共通点の中に見え隠れするのです。そこがまた、たまらなく面白いのです。
　本書は、そんな韓国語学習の醍醐味を味わっていただけるよう、日本語と似た部分から入って、少しずつ異なった部分へと発展させています。初めは似た部分をできるだけ多く吸収し、慣れてきたところで異なる部分を感じ取っていく。そういうやり方が、韓国語学習においては最も効果的だと思うからです。

本書は1日1時間程度の学習にちょうどよい量を単位とし、30日で消化できる内容で構成されています。1日分の内容がやや少ない日もありますが、そんな余裕のある日は、先に進むより、それまでの学習を振り返ることをお勧めします。今学習中のところは難しく感じられますが、3日前のところはきっと易しく感じられるはずです。易しく感じたとき、その部分の内容が身に付いたのだと思ってください。

　最初の8日は文字と発音を集中的に学びます。文字の読み書きができるようになると俄然楽しくなり、その先の学習もスムーズに進みますので、毎日1時間、何度も読んだり聞いたり書いたりして確実にモノにしていってください。

　その後は、ほぼ毎回「対話文」「文法」「練習問題」の3部構成を、それぞれ20分ぐらいを目安に学習していくとよいでしょう。「対話文」はCDを何度も聞き、真似をし、覚えてしまいましょう。「文法」はよく読んで理解してください。「練習問題」の答えは巻末とCDの両方に載せていますので、単に問題を解くだけでなく、丸ごと覚えてしまうぐらいに文字と音声の両方に慣れ親しんでください。

　言葉は、行きつ戻りつ、繰り返し学習し、すっかり馴染むまで触れ続けることで自分のものになっていきます。そうしてモノにした言葉は、みなさんの世界を豊かにし、韓国旅行や韓国ドラマの楽しみを倍増させてくれることでしょう。

　さあ、新たな世界へ出発しましょう！　ファイティン（ファイト）！

2008年5月

著者　長谷川由起子

この本の構成

本書は、**1日1時間×30日**で消化する想定で構成されています。

1〜9日目

韓国語の文字と発音について、さらに数の数え方について学びます。CDには音声が収録されていますので、【CD01】などのトラック番号と🔊マークを頼りに必ず確認するようにしましょう。

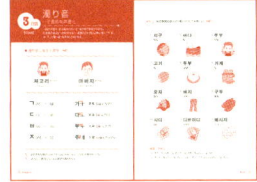

10〜30日目

①対話文：使える会話表現を、対話を通じて学びます。
対話は音声CDに収録されています。23日目までは訳文を一定の意味の区切りで原文に併記し、17日目まではカタカナの発音ルビを併記しました。ただし、なるべく早い段階からルビに頼らず韓国語の文字と音に慣れるようにしましょう。25日目以降は訳文を原文とは別途掲載しています。

②文法：重要な文法項目を例とともに解説します。
韓国語の基礎となる文法項目を厳選し、なるべく簡潔に解説しました。これらの文法項目は①の対話文にも含まれています。説明と例文をよく読み、対話文にも立ち返りながら学習内容を確認してください。

③練習問題：②で学んだ文法項目への理解を深め、応用力を身に付けます。
その日に学んだ文法項目を練習します。答えは巻末（P.163-173）に掲載しました。すべての答えはCDに音声が収録されていますので、問題を解くだけでなく、何度も聞いて丸ごと覚えるようにしましょう。

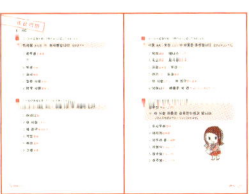

④文法のまとめ
18日目、24日目、30日目では、それまでに学んだ文法のまとめを行います。

それでは韓国語学習をスタートしましょう!
10ページの**1日目**へ

韓国語スタート!

はじめに　3
この本の構成　6

1日目　ハングルの「あいうえお」～基本的な母音と母音字　10
2日目　ハングルの「あかさたな」～基本的な子音と子音字　13
3日目　濁り音～子音の有声音化　16
4日目　ハングルの「や行」～派生的な母音字1　18
5日目　ハングルの「わ行」～派生的な母音字2　20
6日目　穏やかな音・激しい音・硬い音～平音・激音・濃音　22
7日目　ハングルの「ん」「っ」～パッチム　25
8日目　主な発音の変化～連音など　30
9日目　数を覚えよう　34
10日目　はじめまして　42
　1　人称代名詞　**저, 나**　わたくし、私、僕
　2　主題を表す助詞　～**은/는**　～は
　3　～**입니다**　～です
　4　～**(이)라고 합니다**　～といいます、～と申します

11日目　なに年でいらっしゃいますか　48
　1　～**이에요/예요(?)**　～です(か?)
　2　～**(이)세요(?)**　～でいらっしゃいます(か?)
　3　名詞の敬語表現

12日目　それ、何ですか　54
　1　指し示す言葉　**이/그/저/어느**　この／その／あの／どの
　2　所有・所属の表現　～の～
　3　～**(이/가) 아니에요**　～ではありません
　4　丁寧の意味を添える終助詞　～**요**　～です

13日目　近所にネットカフェがあります　60
1. 存在を表す表現　**있어요・없어요**　あります・ありません
2. 主語を表す助詞　**~이/가**　~が
3. 添加を表す助詞　**~도**　~も
4. 場所や時を表す助詞　**~에**　~に

14日目　こんどの日曜日は一緒にショッピングしましょう　66
1. **해요**　します、しています
2. 対象を表す助詞　**~을/를**　~を
3. 否定の副詞　**안~**　~ない
4. 並列の助詞　**~하고**　~と

15日目　朝はコーヒーとパンを食べます　72
1. 丁寧の語尾　**-아/어/여요(?)**　-です(か?)、-ます(か?)

16日目　どんなをお仕事をしておられますか　78
1. 尊敬を含む丁寧の語尾　**-(으)세요(?)**　-なさいます(か?)
2. 動作の場所を表す助詞　**~에서**　~で
3. 手段・道具・材料を表す助詞　**-(으)로**　~で

17日目　映画も見たしカラオケにも行きました　84
1. 過去の補助語幹　**-았/었/였-**
2. 行き来の目的を表す　**-(으)러 가다・오다**　-(し)に行く・来る
3. 並列の語尾　**-고**　-するし、-(し)て、-(し)たり
4. 逆接の語尾　**-지만**　-(する)けれども

18日目　文法の整理　90
1. 助詞の整理
2. 語尾の整理

19日目　韓国語もたくさん使ってみようと思うの　94
1. 尊敬の補助語幹　**-(으)시-**
2. 予定表現　**-(으)ㄹ 거예요**　-(し)ようと思います、-(する)つもりです
3. 推察表現　**-겠어요**　-(し)そうですね、-(する)でしょう
4. つなぎの語尾　**-아/어/여**　-(し)て

韓国語スタート!

20日目 友達を紹介しましょうか　**100**
1　到達点・起点・着点を表す助詞　～에, ～부터, ～까지
2　提案・推量疑問の語尾　**-(으)ㄹ까요?**　-(し)ましょうか?, -(する)でしょうか?
3　推量表現　**-(으)ㄹ 거예요**　-(する)でしょう, -(する)と思います

21日目 ソウルに行ったら連絡してみてください　**106**
1　強く同意を求める表現　**-잖아요**　-じゃないですか
2　約束表現　**-(으)ㄹ게요**　-(し)ますね, -(し)ますから
3　条件を表す語尾　**-(으)면**　-(す)れば, -(し)たら
4　根拠を表す語尾　**-(으)니까**　-(す)るから, -(した)ので

22日目 時間がなくて、あまり見られませんでした　**112**
1　確認の語尾　**-죠**　-でしょう?, -ですね?, -ですよ, -ましょうよ
2　ㄷ変則用言
3　不可能の副詞　**못 ～**　～できない
4　原因・理由を表す語尾　**-아/어/여서**　-(し)て、-(し)たので

23日目 おいしいものも食べたいです　**118**
1　動詞・存在詞の現在連体形語尾　**-는**
2　説明の語尾　**-거든요**　-んですよ、-んですよね
3　希望表現　**-고 싶다**　-(し)たい
4　かしこまった意思表現　**-겠습니다**　-いたします

24日目 文末表現と接続語尾の整理　**124**
1　**-(으)ㄹ 거예요**と**-겠습니다, -겠어요**
2　**-(으)니까**と**-아/어/여서**

25日目 ここに名前を書いていただけますか　**128**
1　丁寧に相手のことを尋ねる表現　～이/가 어떻게 되세요?
2　依頼表現　**-아/어/여 주세요**　-(し)てください
　　　　　　-아/어/여 주시겠어요?　-(し)てくださいますか?
3　名前を明示する表現　～(이)라는　～という○○
4　軽い感嘆の語尾　**-네요**　-(し)ますね、-ですね

26日目　2つ買うからまけてください　　134
1　副詞化の語尾　**-게**　-に、-く、-(する)ように
2　根拠を表す表現　**-(으)ㄹ 테니까**　-(する)つもりだから、-(する)と思うので
3　限定を表す助詞　**～만**　～だけ
4　相当を表す助詞　**～에**　～で

27日目　ピンクならもっと小さいのもあるんだけど　　140
1　形容詞・指定詞の現在連体形語尾　**-(으)ㄴ**
2　比較の基準を表す助詞　**～보다**　～より
3　留保・背景説明の語尾　**-는데・-(으)ㄴ데**　-なんだけど、-なのに
4　限定条件の表現　**～(이)라면**　～なら、～といえば

28日目　辛いもの、大丈夫です　　146
1　意向を尋ねる語尾　**-(으)ㄹ래요?**　-(し)ます?
2　制止表現　**-지 마세요**　-(し)ないでください
3　ㅂ変則用言
4　名詞と名詞をつなぐ助詞　**～의**　～の

39日目　友達になれて嬉しいです　　152
1　動詞の過去連体形語尾　**-(으)ㄴ**　-(し)た
2　義務表現　**-아/어/여야 되다**　-(し)なければならない
3　可能・不可能表現　**-(으)ㄹ 수 있다・없다**　-(する)ことができる・-できない
4　方法提示表現　**-(으)면 되다**　-(すれ)ばいい

30日目　丁寧さと変則用言　　150
1　丁寧さに関わる文末語尾
2　変則用言

練習問題の解答　　163

索引　　174

1日目 ハングルの「あいうえお」
～基本的な母音と母音字

[CD02]

日本語の母音は5つですが、韓国語の場合、基本となる単母音が8つあります。

● 基本的な母音

ㅏ	ㅓ	ㅗ	ㅜ	ㅡ	ㅣ	ㅐ	ㅔ
[a,ア]	[ɔ,オ]	[o,オ]	[u,ウ]	[ɯ,ウ]	[i,イ]	[ɛ,エ]	[e,エ]

① まずは、日本語の「あ」「い」と同じ発音のものから。

[a,ア]　　　　　　　　　　[i,イ]

② 次の2つは、両方とも日本語の「エ」の発音でOK。

 　　　ㅔ

[ɛ,エ]　　　　　　　　　　[e,エ]

❗ 「ㅐ」と「ㅔ」は厳密には区別があるとされていますが、日常の発音ではほとんどの韓国人が区別をしていません。ただし、表記上は区別があります。日本語の「お」と「を」みたいなものだと思ってください。

10　韓国語スタート！

3 次に、唇を丸めた「オ」と「ウ」。

ㅗ [o, オ]　　ㅜ [u, ウ]

❗ 唇を丸めるだけでなく、口の中まで思い切りすぼめるような気持ちで。

4 次は、唇を丸めない「オ」と「ウ」。

ㅓ [ɔ, オ]　　ㅡ [ɯ, ウ]

❗ 口の中に縦のスペースを作るような気持ちで。「あ」に聞こえたら口の横幅が広くなり過ぎです。

❗ 「い」と発音するときの唇の形で「う」と発音します。

● 母音字の書き順

文字として書くときは「ㅏ, ㅓ, ㅣ」などの縦長の母音字の場合は左側に「ㅇ」を添え、「ㅗ, ㅜ, ㅡ」などの横長の母音字の場合は上に「ㅇ」を添えます。筆順は漢字と同じ要領で上から下へ、左から右へ。「ㅇ」は上から始まって時計と反対回りに書きます。

아	어	오	우
으	이	애	에

1日目

練習1　発音しながら書いてみましょう。

아 [a]	아					
어 [ɔ]	어					
오 [o]	오					
우 [u]	우					
으 [ɯ]	으					
이 [i]	이					
애 [ɛ]	애					
에 [e]	에					

練習2　次の単語を読んだり書いたりしてみましょう。

1. **오이**
きゅうり

2. **아우**
兄から見た弟

3. **에이**
A

4. **우아**
優雅

練習2の答え
1. オイ　2. アウ　3. エイ　4. ウア

2日目 ハングルの「あかさたな」
～基本的な子音と子音字

[CD03]

次に、基本となる子音を覚えましょう。
それぞれの子音字と「ㅏ(ア)」を組み合わせて
「カナタラマパサアチャハ」と覚えるとよいでしょう。

■ 基本的な子音と母音の組み合わせ 🔊

		ㅏ[a]	ㅓ[ɔ]	ㅗ[o]	ㅜ[u]	ㅡ[ɯ]	ㅣ[i]	ㅐ[ɛ]	ㅔ[e]
ㄱ	[k]	가 [ka,カ]	거 [kɔ]	고 [ko]	구 [ku]	그 [kɯ]	기 [ki]	개 [kɛ]	게 [ke]
ㄴ	[n]	나 [na,ナ]	너 [nɔ]	노 [no]	누 [nu]	느 [nɯ]	니 [ni]	내 [nɛ]	네 [ne]
ㄷ	[t]	다 [ta,タ]	더 [tɔ]	도 [to]	두 [tu]	드 [tɯ]	디 [ti]	대 [tɛ]	데 [te]
ㄹ	[r]	라 [ra,ラ]	러 [rɔ]	로 [ro]	루 [ru]	르 [rɯ]	리 [ri]	래 [rɛ]	레 [re]
ㅁ	[m]	마 [ma,マ]	머 [mɔ]	모 [mo]	무 [mu]	므 [mɯ]	미 [mi]	매 [mɛ]	메 [me]
ㅂ	[p]	바 [pa,パ]	버 [pɔ]	보 [po]	부 [pu]	브 [pɯ]	비 [pi]	배 [pɛ]	베 [pe]
ㅅ	[s]	사 [sa,サ]	서 [sɔ]	소 [so]	수 [su]	스 [sɯ]	시 [shi]	새 [sɛ]	세 [se]
ㅇ	[-]	아 [a,ア]	어 [ɔ]	오 [o]	우 [u]	으 [ɯ]	이 [i]	애 [ɛ]	에 [e]
ㅈ	[ch]	자 [cha,チャ]	저 [chɔ]	조 [cho]	주 [chu]	즈 [chɯ]	지 [chi]	재 [chɛ]	제 [che]
ㅎ	[h]	하 [ha,ハ]	허 [hɔ]	호 [ho]	후 [hu]	흐 [hɯ]	히 [hi]	해 [hɛ]	헤 [he]

❗ 「ㅇ」は無音を表す子音字です。
❗ 「디」「시」の発音に注目。
❗ 母音字が縦長か横長かによって、子音字との組み合わせ方(左右、上下)が決まります。

> **練習1** 次の表に基本的な子音字と母音字を組み合わせた文字を書き込みながら発音してみましょう。

	ㅏ	ㅓ	ㅗ	ㅜ	ㅡ	ㅣ	ㅐ	ㅔ
ㄱ								
ㄴ								
ㄷ								
ㄹ								
ㅁ								
ㅂ								
ㅅ								
ㅇ								
ㅈ								
ㅎ								

練習2　次の単語を読んだり書いたりしてみましょう。

1 **이마**
額

2 **머리**
頭

3 **허리**
腰

4 **다리**
脚

5 **나라**
国

6 **노래**
歌

7 **하나**
1つ

8 **주머니**
ポケット

9 **우리**
わたしたち

10 **어머니**
母

11 **누나**
弟から見た姉

12 **부모**
父母

13 **가수**
歌手

14 **도로**
道路

15 **주소**
住所

16 **무리**
無理

17 **버스**
バス

18 **주스**
ジュース

19 **바나나**
バナナ
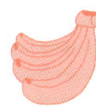

20 **마우스**
マウス

練習2の答え
1. イマ　2. モリ　3. ホリ　4. タリ　5. ナラ　6. ノレ　7. ハナ　8. チュモニ
9. ウリ　10. オモニ　11. ヌナ　12. プモ　13. カス　14. トロ　15. チュソ　16. ムリ
17. ポス　18. チュス　19. パナナ　20. マウス

3日目 濁り音
～子音の有声音化

[CD04]

一部の子音は、ある条件のもとで、濁り音で発音されます。日本語の濁点ような記号はなく、有声音に挟まれた「ㄱ, ㄷ, ㅂ, ㅈ」が濁り音(有声音)となります。

저고리 チョゴリ
チョ・コ・リ → チョゴリ

아버지 お父さん
ア・ポ・チ → アボヂ

■ 濁り音になる子音字 🔊

❗「2文字目以降の『カタパチャ』は『ガダバヂャ』になる」と覚えましょう。

ㄱ [k]	→ [g]	가구	家具	[kagu, カグ]
ㄷ [t]	→ [d]	다도	茶道	[tado, タド]
ㅂ [p]	→ [b]	부부	夫婦	[pubu, プブ]
ㅈ [ch]	→ [j]	주제	主題	[chuje, チュヂェ]

❗「ㅅ [s]」「ㅎ [h]」はどんな場合も濁りません。

韓国語スタート!

| 練習1 | 次の単語を読んだり書いたりしてみましょう。

1 지구
地球

2 바다
海

3 주부
主婦

4 고기
肉

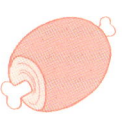

5 두부
豆腐

6 가게
店

7 모자
帽子

8 바지
ズボン

9 구두
革靴

10 시디
CD

11 디브이디
DVD

12 메시지
メッセージ

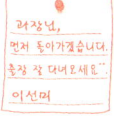

練習1の答え
1. チグ   2. パダ   3. チュブ   4. コギ   5. トゥブ   6. カゲ
7. モヂャ   8. パヂ   9. クドゥ   10. シディ   11. ティブイディ   12. メシヂ

4日目 ハングルの「や行」
～派生的な母音字１

[CD05]

ハングルでは、日本語でいう「や」や「わ」も１つの母音字として扱います。１日目に学んだ基本的な母音字の短い線を２本に増やせば「あ行」が「や行」になります。

■ ハングルの「や行」

ㅏ → ㅑ	ㅓ → ㅕ	ㅗ → ㅛ
[a, ア]　[ya, ヤ]	[ɔ, オ]　[yɔ, ヨ]	[o, オ]　[yo, ヨ]

ㅜ → ㅠ	ㅐ → ㅒ	ㅔ → ㅖ
[u, ウ]　[yu, ユ]	[ɛ, エ]　[yɛ, イエ]	[e, エ]　[ye, イエ]

❗ 子音を伴った「ㅖ」は「ㅔ」と発音します。

세계 世界　　　**사례** 事例　　　**지혜** 知恵
[세게, セゲ]　　　[사레, サレ]　　　[지혜, チヘ]

練習1 次の単語を読んだり書いたりしてみましょう。

1. **야구**
   野球

2. **여자**
   女の人

3. **요리**
   料理

4. **유리**
   ガラス

5. **여보세요**
   もしもし

6. **교사**
   教師

7. **무료**
   無料

8. **교류**
   交流

9. **시계**
   時計

練習1の答え
1. ヤグ　2. ヨヂャ　3. ヨリ
4. ユリ　5. ヨボセヨ　6. キョサ
7. ムリョ　8. キョリュ　9. シゲ

5日目 [CD06]

ハングルの「わ行」
～派生的な母音字2

横長の母音字と縦長の母音字を組み合わせると「わ行」のようになります。発音がややこしそうに見えますが、基本的な母音を組み合わせて発音すれば、ほぼ大丈夫。

■ ハングルの「わ行」

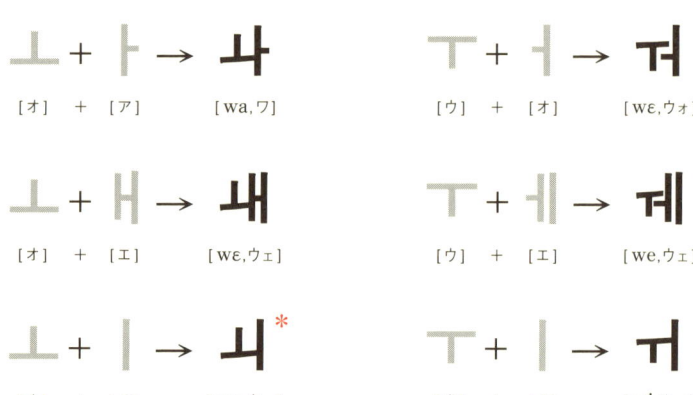

* 「ㅗ」と「ㅣ」を組み合わせて [we] となるのは納得がいかないかもしれませんが、これだけ特別だと思って覚えてしまいましょう。ちなみに、「ㅙ」「ㅞ」「ㅚ」は同じ発音 [ウェ] でOK。

❗ 「ㅜ」と「ㅏ」、「ㅗ」と「ㅓ」、「ㅜ」と「ㅐ」を組み合わせることはできません。

文字として書く場合は、「わ行」母音字の左上隅の空いたところに子音字を書きます。

■ 読み方が3通りある特殊な母音字

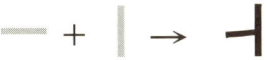

ー ＋ ｜ → ㅢ
[ɯ, ウ] ＋ [i, イ]　[ウイ, ɯi]

読み方1）語頭で子音を伴わない場合は [ɯi, ウイ]：**의사**（医師）[ɯisa, ウイサ]。
読み方2）語頭以外または子音を伴った場合は [i, イ]：**주의**（注意）[chui, チュイ]、
　　　　희다（白い）[hida, ヒダ]。
読み方3）「～の」という意味の助詞として用いられる場合は [e, エ]：**우리의**（私たち
の）[urie, ウリエ]。

練習1　次の単語を読んだり書いたりしてみましょう。

1. **과자** 菓子
2. **사과** りんご
3. **뭐** 何
4. **왜** なぜ
5. **돼지** 豚
6. **귀** 耳
7. **회** 刺し身
8. **의자** イス

練習1の答え
1. クァヂャ　2. サグァ　3. ムォ　4. ウェ
5. トゥェヂ　6. クィ　7. フェ　8. ウイヂャ

穏やかな音・激しい音・硬い音
～平音・激音・濃音

[CD07]

韓国語の「か」や「た」には息の激しさ、のどの緊張の強さによって「穏やかな音＝平音」「激しい音＝激音」「硬い音＝濃音」の区別があります。

■ 平音・激音・濃音

平音 息が弱く出る	가 [ka, カ]	다 [ta, タ]	바 [pa, パ]	자 [cha, チャ]	사 [sa, サ]
激音 強い息が出る	카 [k^ha, カ]	타 [t^ha, タ]	파 [p^ha, パ]	차 [ch^ha, チャ]	
濃音 のどが緊張し、息が出ない	까 [^{k}ka, ッカ]	따 [^{t}ta, ッタ]	빠 [^{p}pa, ッパ]	짜 [^{t}cha, ッチャ]	싸 [^{s}sa, ッサ]

激音「카・타・파・차」は、強い息とともに「カ・タ・パ・チャ」と発音します。口の前に薄い紙を垂らして、発音と同時にイラストのように紙が動けば合格です。濃音「까・따・빠・짜・싸」は、口候を緊張させ、息をこらえながら発音します。口の前の薄い紙が揺れないように発音します。

❗ 激音・濃音は語中に来ても「濁り音」になりません。

練習1 次の単語を読んだり書いたりしてみましょう。

1. **코**
鼻

2. **피**
血

3. **차**
車

4. **표**
切符、チケット

5. **우표**
切手

6. **치마**
スカート

7. **고추**
唐辛子

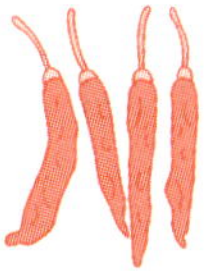

8. **커피**
コーヒー

9. **아파트**
マンション

10. **아까**
さっき

11. **오빠**
妹から見た兄

12. **아저씨**
おじさん

13. **아빠**
パパ

14. **쓰레기**
ゴミ

15. **찌개**
チゲ

16. **토끼**
ウサギ

練習1の答え

1. コ　2. ピ　3. チャ　4. ピョ　5. ウピョ　6. チマ　7. コチュ　8. コピ
9. アパトゥ　10. アッカ　11. オッパ　12. アヂョッシ　13. アッパ
14. ッスレギ　15. ッチゲ　16. トッキ

> **練習2** 次のa、b、cの発音を聞き比べたり発音したりしてみましょう。

① a. **아바** b. **아파** c. **아빠**
ABBA：スウェーデンの　　痛い　　　　　　　パパ
ボーカルグループ

② a. **아기가 자요.** 赤ちゃんが寝ています。

b. **커피가 차요.** コーヒーが冷たいです。

c. **찌개가 짜요.** チゲがしょっぱいです。

練習2の答
① a. アバ　b. アパ　c. アッパ
② a. アギガ チャヨ　b. コピガ チャヨ　c. ッチゲガ ッチャヨ

コラム　韓国語はキツイ言葉！?

韓国語は、聞いた感じがキツイとか硬いという印象を持つ人も多いようです。その原因はいろいろ考えられますが、この「激音」と「濃音」の存在も原因のひとつでしょう。日本語なら同じ発音と認識されているものを3種類に「発音し分ける」のですから、当然、その特徴を強調することになり、いきおい言葉がキツく感じられるのかもしれません。

これは逆に言うと、日本人が発音する場合は、少しオーバーと思われるぐらいに特徴を強調することが必要だということです。同様のことが「ㅗとㅓ」や「ㅜとㅡ」についてもいえます。漠然と発音すると「ㅓ」なのか「ㅗ」なのか区別がつかず、意味が通じないこともありますから、口を大きくはっきり動かす必要があるのです。

7日目 ハングルの「ん」「っ」〜パッチム

[CD08]

日本語の「ん」「っ」にあたる子音を、ハングルでは子音字と母音字とを組み合わせた文字の下に付け加えて書き表します。この、下に加わった子音のことを「パッチム」といいます。「パッチム」とは「支え」という意味です。

■ パッチム 🔊

한글 ハングル
[haŋɰl, ハングル]

관광 観光
[kwaŋgwaŋ, クァングァン]

上の例の「하」「그」「과」の下にある「ㄴ」「ㄹ」「ㅇ」のような子音字のことを「パッチム（받침）」と呼びます。子音字が、文字の最初に来たときの発音を「初声」、パッチムになった時の発音を「終声」といいますが、同じ子音字でも初声と終声で発音が異なる場合があります（ㅇ, ㅅ, ㅊ など）。また、激音や濃音の子音字はパッチムになると、発音上、平音との区別がなくなります（ㄱ・ㅋ・ㄲ→［ㄱ］など）。

英語の 'back, cap' の下線部では息が漏れるのが普通ですが、「ㄱ・ㅂ・ㄷ」をパッチムとして発音する場合は、[k][p][t] の口の形を構えるだけで息を漏らしません。

❗「ㄸ・ㅉ・ㅃ」は、パッチムとして使われません。

■ パッチムの発音 🔊

안 [an, アン]　「あんない」の下線部にあたります。「ん」と発音するとき、舌で上下の歯の間をふさぎます。

암 [am, アム]　「あんまく」の下線部にあたります。「ん」と発音するとき、唇を閉じること。

앙 [aŋ, アン]　「あんこく」の下線部にあたります。「ん」と発音するとき、唇を閉じず、舌先を引っ込めます。

알 [al, アル]　「あら」と言いかけて「ら」の途中で止める感じ。

악 [aᵏ, アク]
악/앆　「あっけない」の下線部にあたります。「っ」を発音するとき、唇を閉じず、舌先を引っ込めます。

압 [aᵖ, アブ]
앞　「あっぱく」の下線部にあたります。「っ」を発音するとき、唇を閉じて発音すること。

앋 [aᵗ, アッ]
앝/앗/았/　「あった」の下線部にあたります。「っ」を発音するとき、舌先で上の
앚/앛/앟　歯と下の歯の間に栓をするような感じで。

❗「ㅋ・ㄲ」はパッチムになると「ㄱ」と同じ、「ㅍ」は「ㅂ」と同じ、「ㅌ・ㅅ・ㅆ・ㅈ・ㅊ・ㅎ」は「ㄷ」と同じ発音となります。

앞 前　　**밖** 外　　**옷** 服
[압]　　　　[박]　　　　[옫]

❗「ㄴ・ㅁ・ㅇ・ㄹ」パッチムに「ㄱ・ㄷ・ㅂ・ㅈ」が続くと、「ㄱ・ㄷ・ㅂ・ㅈ」は濁り、「ㄱ・ㄷ・ㅂ」とそれに類するパッチムに続く場合は濁らず濃音化します。

갈비 カルビ　　**국밥** クッパ
[カルビ]　　　　　[국빱 クヮパブ]

練習1　次の単語を読んだり書いたりしてみましょう。

1 **한반도**
朝鮮半島

2 **한국**
韓国

3 **일본**
日本

4 **사람**
人

5 **사랑**
愛

6 **말**
言葉

7 **선생님**
先生

8 **학생**
学生

9 **친구**
友達

10 **형**
弟から見た兄

11 **언니**
妹から見た姉

12 **동생**
弟・妹

13 **아들**
息子

14 **딸**
娘

15 **할머니**
おばあさん

16 **김치**
キムチ

17 **냉면**
冷麺

18 **밥**
ご飯

19 **숟가락**
スプーン

20 **젓가락**
はし

21 **접시**
皿

22 **책**
本

23 **꽃**
花

24 **잎**
葉

練習1の答え

1. ハンバンド　2. ハングク　3. イルボン　4. サラム　5. サラン　6. マル
7. ソンセンニム　8. ハクセン　9. チング　10. ヒョン　11. オンニ　12. トンセン
13. アドゥル　14. ッタル　15. ハルモニ　16. キムチ　17. ネンミョン　18. パプ
19. スッカラク　20. チョッカラク　21. チョプシ　22. チェク　23. コッ　24. イプ

コラム　ハングルによる日本語の固有名詞の書き表し方

ハングルの音と日本語の発音は1対1で対応しないので、日本の名前や地名などをハングルで書き表すのには一定のルールが必要です。右ページの表を参考にしながら、以下のルールを適用して書いてみましょう。

1) 平音字を2文字目以降に使うと濁り音になるため、語中で濁音を表すには平音字を、清音を表すには激音字を用います。

  岡田 → **오카다**　　　緒方 → **오가타**

 ※語頭の濁音は平音で表し、残念ながら清音との区別ができません。

  馬場 → **바바**　　　在所 → **자이쇼**

2)「ン」は「ㄴ」パッチムで、「ッ」は「ㅅ」パッチムで表します。

  群馬 → **군마**　　　札幌 → **삿포로**

3)「ツ、ザ、ズ」「ヅ、ゼ、ゾ」はハングルでは正確に書き表すことができませんが、それぞれ次のものが最も近い音とされています。なお、「ス」「ツ」の母音は「ㅜ」より「ㅡ」のほうが発音が近いので「스」「쓰」のように書きます。

  ツ：**쓰**(쯔, 츠)　　ズ・ヅ：**즈**　　ザ：**자**　　ゼ：**제**　　ゾ：**조**

4) 長音は原則として表記しないことになっています。

  大阪 → **오사카**　　東京 → **도쿄**　　九州 → **규슈**

■ 日本語のカナとハングルの対応表

カナ	ハングル	
	語頭	語頭以外
ア イ ウ エ オ	아 이 우 에 오	아 이 우 에 오
カ キ ク ケ コ	가 기 구 게 고	카 키 쿠 케 코
サ シ ス セ ソ	사 시 스 세 소	사 시 스 세 소
タ チ ツ テ ト	다 지 쓰 데 도	타 치 쓰 테 토
ナ ニ ヌ ネ ノ	나 니 누 네 노	나 니 누 네 노
ハ ヒ フ ヘ ホ	하 히 후 헤 호	하 히 후 헤 호
マ ミ ム メ モ	마 미 무 메 모	마 미 무 메 모
ヤ　ユ　ヨ	야　유　요	야　유　요
ラ リ ル レ ロ	라 리 루 레 로	라 리 루 레 로
ワ ヲ ン ッ	와　　ㄴ ㅅ	와 오 ㄴ ㅅ
ガ ギ グ ゲ ゴ	가 기 구 게 고	가 기 구 게 고
ザ ジ ズ ゼ ゾ	자 지 즈 제 조	자 지 즈 제 조
ダ ヂ ヅ デ ド	다 지 즈 데 도	다 지 즈 데 도
バ ビ ブ ベ ボ	바 비 부 베 보	바 비 부 베 보
パ ピ プ ペ ポ	파 피 푸 페 포	파 피 푸 페 포
キャ キュ キョ	갸 규 교	캬 큐 쿄
ギャ ギュ ギョ	갸 규 교	갸 규 교
シャ シュ ショ	샤 슈 쇼	샤 슈 쇼
ジャ ジュ ジョ	자 주 소	자 주 조
チャ チュ チョ	자 주 조	차 추 초
ヒャ ヒュ ヒョ	햐 휴 효	햐 휴 효
ビャ ビュ ビョ	뱌 뷰 뵤	뱌 뷰 뵤
ピャ ピュ ピョ	퍄 퓨 표	퍄 퓨 표
ミャ ミュ ミョ	먀 뮤 묘	먀 뮤 묘
リャ リュ リョ	랴 류 료	랴 류 료

8日目 主な発音の変化
～連音など

[CD09]

ここでは文字が連なって単語や文になったときの読み方の規則を学習します。一度でマスターするのは難しいので、最初はサッと読み流し、後で該当事項が出てきたときにじっくり読んでみてください。

1 連音Ⅰ

パッチムで終わる文字に「ㅇ」で始まる文字が続いたときは、パッチムを「ㅇ」の位置に移動させて発音します。発音が変わるだけで表記は変わりません。[ ]内は発音表示。

금연 禁煙 → **[그면]**
[クム+ヨン]　[クミョン]

한국어 韓国語 → **[한구거]**
[ハングッ+オ]　[ハングゴ]

앞에 前に → **[아페]**
[アプ+エ]　[アペ]

꽃이 花が → **[꼬치]**
[コッ+イ]　[コチ]

❗ 連音になると「ㄱ・ㄷ・ㅂ・ㅈ」は濁り音となり、またパッチムで区別がなくなっていた激音や濃音の発音もよみがえります。

練習1 次の単語を読んだり書いたりしてみましょう。

1. **단어** 単語
2. **발음** 発音
3. **음악** 音楽
4. **할아버지** おじいさん    
5. **집에** 家に
6. **잎이** 葉っぱが
7. **옷을** 服を
8. **밖에서** 外で

練習1の答え
1. タノ　2. パルム　3. ウマク　4. ハラボヂ　5. チベ　6. イピ
7. オスル　8. パッケソ

2 連音Ⅱ

「ㅇ」パッチムの後に「ㅇ」が続いた場合は、「ㅇ」パッチムの発音と後の母音をドッキングさせるように発音します。鼻濁音（鼻にかかったガ行音）のような発音です。

영어 英語
[ヨンオ]

종이 紙
[チョンイ]

練習2　次の単語を読んだり書いたりしてみましょう。

1. **고양이** ネコ
2. **오징어** イカ
3. **생일** 誕生日

練習2の答え　1. コヤンイ　2. オヂンオ　3. センイル

3 2文字のパッチム

①2つの異なった子音字によるパッチムは、後に何も続かないか、他の子音字が続く場合、左右どちらかの子音を発音します。どちらを発音するかには一貫した規則がなく個別に決まっています。

닭 [닥] 鶏　　**없다 [업따]** ない
[タヶ]　　　　　　　[オㇷ゚タ]

②2文字のパッチムに「ㅇ」が続いた場合は、右側のパッチムを「ㅇ」の位置に移動させて発音します。

닭이 [달기] 鶏が　　**없어요 [업써요]** ありません
[タルギ]　　　　　　　　　[オㇷ゚ソヨ]

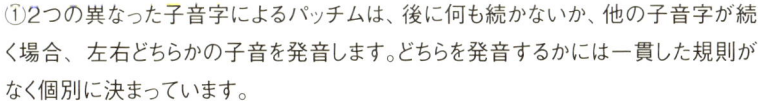

４ 激音化 🔊

「ㄱ・ㄷ・ㅂ」パッチム と「ㅎ」が連続すると、これらが結びついて、それぞれ[ㅋ・ㅌ・ㅍ]と発音され、「ㅎ」パッチムと「ㄱ・ㄷ・ㅈ」が連続すると[ㅋ・ㅌ・ㅊ]と発音されます。

백화점 百貨店 → [배콰점]
[ペクァヂョム]

꽃하고 花と → [꼬타고]
[コタゴ]

좋다 良い → [조타]　못해요 できません → [모태요]
[チョタ]　　　　　　　　　　　　　　[モテヨ]

５ 「ㅎ[h]」の弱化 🔊

ㅎは母音や「ㄴ・ㄹ・ㅁ・ㅇ」に挟まれると音が弱化、または消えてしまいます。

전화 電話 → [저놔]　결혼 結婚 → [겨론]
[チョヌァ]　　　　　　　　　　[キョロン]

좋아요 良いです → [조아요]　많이 たくさん → [마니]
[チョアヨ]　　　　　　　　　　　　[マニ]

６ 「ㄴ[n]」の「ㄹ[l]」化 🔊

「ㄴ」と「ㄹ」、「ㄹ」と「ㄴ」が連続すると「ㄴ」が[ㄹ]と発音されます。

진로 眞露 → [질로]　물냉면 水冷麺 → [물랭면]
[チルロ]　　　　　　　　　　　　[ムルレンミョン]
※韓国の代表的な焼酎の名前

7 鼻音化Ⅰ 🔊

「ㄱ・ㄷ・ㅂ」パッチムに「ㄴ・ㅁ」が続くと、「ㄱ・ㄷ・ㅂ」パッチムは [ㅇ・ㄴ・ㅁ] と発音されます。

한국말 韓国語 → [한궁말]
[ハングンマル]

안녕하십니까? こんにちは → [안녕하심니까]
[アンニョンハシムニッカ]

8 鼻音化Ⅱ 🔊

「ㄴ・ㄹ」以外のパッチムに「ㄹ」が続くと、「ㄹ」が [ㄴ] と発音されます。

동료 同僚 → [동뇨]　　침략 侵略 → [침냑]
[トンニョ]　　　　　　　　　　　[チムニャク]

9 鼻音化Ⅲ 🔊

「ㄱ・ㄷ・ㅂ」パッチムに「ㄹ」が続くと、「ㄱ・ㄷ・ㅂ」パッチムは [ㅇ・ㄴ・ㅁ] と発音され、「ㄹ」は [ㄴ] と発音されます

독립 独立 → [동닙]　　컵라면 カップラーメン → [컴나면]
[トンニプ]　　　　　　　　　　　　　　　　　　　[コムナミョン]

10 「ㄴ」の挿入 🔊

次の3つの条件が満たされると、AとBの間に「ㄴ」が挿入されます。
①単語Aと単語Bが1単語（合成語）となったり、1単語のように一気に発音される。
②単語Aの末尾にパッチムがある。
③単語Bが「이・야・여・요・유・예」で始まる。

무슨 요일 何曜日 → [무슨뇨일]
[ムスンニョイル]

한국 여행 韓国旅行 → [한국녀행] → [한궁녀행]
[ハングンニョヘン]

9日目 数を覚えよう

[CD10]

韓国語には「漢語数詞」と「固有語数詞」という2種類の数の数え方があります。漢語数詞は年月日、値段、数値などを、固有語数詞は年齢、時間、人数、個数などを表す場合に使います。

① 漢語数詞

もともと中国語に由来する数詞で、日本語でいう「いち、に、さん…」にあたります。桁の組み合わせ方も日本語とほぼ同じですが、連音などのせいで発音や聞き取りが難しいという点に注意が必要です。(発音変化については7、8日目を参照)

一	二	三	四	五	六	七	八	九	十
일	이	삼	사	오	육	칠	팔	구	십

百	千	万	億
백	천	만	억

139(百三十九)　　**백삼십구**
4,500(四千五百)　　**사천오백** [사처노백] (8日目を参照)
160,000(十六万)　　**십육만** [심늉만] (8日目の7項・9項を参照)

❗「10,000」を日本語では「1万」と言いますが、韓国語では単に「만」とだけ言います。百・千・1億などは日本語と共通です。

1,200　　　　　**천이백**
12,000　　　　**만이천**
120,000,000　　**일억 이천만**

漢語数詞で数える主なものは次の通りです。

♦ 年月日 🔊

日本語と同様に漢語数詞と「**년**（年）」「**월**（月）」「**일**（日）」とを組み合わせます。「**생**（生まれ）」を付け加えれば「〜年生まれ、〜月生まれ」のように表現することができます。

1945年8月15日	**천구백사십오년 팔월 십오일**
'67年生まれ	**육십칠 년생**

❗ 韓国では、生まれ年は必ず西暦で言い、現代人の場合「**천구백**（千九百）」であることは分かりきっているため、ふつう省略されます。

❗ 6月と10月のみ、「**육월**」「**십월**」ではなく「**유월**」「**시월**」といいます。

♦ 値段 🔊

日本語と同様に漢語数詞と「**원**（ウォン）」「**엔**（円）」「**달러**（ドル）」などとを組み合わせます。

2万5千ウォン	**이만오천 원**
6千8百円	**육천팔백 엔**
3百万ドル	**삼백만 달러**

♦ 電話番号 🔊

「0」は「**공**（ゼロ）」と読み、「〜の」は「〜**의**」（発音は[에]）と言います。「〜**의**」を省いて言うこともあります。

03-4567-8912	**공삼의 사오육칠의 팔구일이**
090-8765-4321	**공구공 팔칠육오 사삼이일**

2 固有語数詞

韓国語に固有の数詞で日本語の「一つ、二つ、三つ」にあたります。一の位と十の位は別の語を使い、その組み合わせで1〜99の整数を表すことができます。

一の位

一つ	二つ	三つ	四つ	五つ	六つ	七つ	八つ	九つ
하나	둘	셋	넷	다섯	여섯	일곱	여덟	아홉
		[섿]	[넫]	[다섣]	[여섣]		[여덜]	

〈한〉 〈두〉〈세〉〈네〉

十の位

十	二十	三十	四十	五十	六十	七十	八十	九十
열	스물	서른	마흔	쉰	예순	일흔	여든	아흔
						[이른]		

〈스무〉

! 「개(個)」「살(歳)」など、単位が付く場合、「하나〜넷」と「스물」は単位の直前で〈 〉内の形に変わります。ただし「1つ」という場合は「한개」より「하나」がよく用いられます。

◆ 時間

「〜時」「〜時間」を表す場合は固有語数詞と「시(時)」「시간(時間)」を組み合わせ、「〜分」「〜秒」を表す場合は漢語数詞と「분(分)」「초(秒)」を使います。

5時5分5秒	다섯시 오분 오초
7時半	일곱시 반
12時間	열두 시간

◆ 人数、個数、枚数など 🔊

「**사람**(人)」「**명**(名)」「**개**(個)」「**잔**(杯)」「**장**(枚)」などの単位には固有語数詞を用います。数十以下の比較的少ない個体の数を表し、30〜40以上の数になると漢語数詞で表すことが多くなります。

2人	**두 사람**	10人	**열 명**	cf. 59人	**오십구 명**
3個	**세 개**	5杯	**다섯 잔**	cf. 200枚	**이백 장**

❗ 「**다섯 사람**(5人)」は「5人の人」というように1人1人の存在感が意識されるのに対し、「**다섯 명**(5人)」は人数そのものに関心があるような場合に使います。

◆ 年齢 🔊

「**살**(歳)」をつけます。韓国では年齢を普通「数え年」で表します。
「数え年で」は「**한국 나이로**」、「満で」は「**만으로**」といいます。

5歳	**다섯 살**	18歳	**열여덟 살**	20歳	**스무 살**

コラム 数え年の計算法

数え年では、赤ん坊が生まれた時を1歳と見なします。そして、生後初めて迎える正月で早くも2歳。それ以降、正月のたびに歳を取ります。満年齢から計算する場合は、その年の誕生日が過ぎた人は満年齢に1を、誕生日がまだの人は満年齢に2を足せば数え年となります。

【CD12】

練習1 次の年月日を韓国語で言い表してみましょう。

① 1876年2月26日　② 1910年8月22日　③ 1919年3月1日
④ 1965年12月18日　⑤ 1988年9月17日　⑥ 2002年4月1日

練習2 次の金額を韓国語で言い表してみましょう。

① ₩4,900　② ₩15,000　③ ¥2,980
④ ₩300,000　⑤ $46　⑥ $1,000,000

練習3 次の時間を韓国語で言い表してみましょう。

①　②　③

④　⑤　⑥

練習4　次の絵を見て例のように言ってみましょう。

例　사과 リンゴ / 개 個
A:사과 네 개 얼마예요?　リンゴ4個いくらですか?
B:천원이에요.　1,000ウォンです。
₩1,000

① 귤 ミカン / 개 個 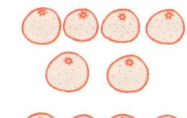 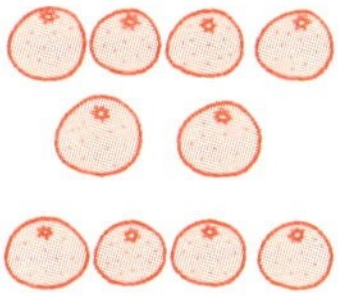
₩2,000

② 노트 ノート / 권 冊 
₩3,500

③ 커피 コーヒー / 잔 杯 
₩4,800

④ 티셔츠 Tシャツ / 장 枚 
₩10,000

⑤ 종이 紙 / 장 枚 
₩6,000

コラム　韓国における人間関係と呼称　【CD13】

韓国では上下関係が厳しいと言われます。それは日本語以上に、相手によって言葉の使い方が細かく分かれていることに表れています。ただ、人格的な上下関係を強調して上位者が下位者に絶対服従を強要するような関係というより、上位者となった人は下位者を様々な面でサポートし、下位者は上位者を尊重しつつ頼ることができる関係だとも言えるのです。相手との関係によって呼びかけ方もいろいろです。

1）韓国人の名前を呼ぶ場合、最も一般的には、男女を問わず「フルネーム＋씨［シ］(さん)」で呼びます。姓に「씨」を付けて呼ぶのは失礼になります（外国人の名前は「姓＋씨」でもOK）。

  김유진 씨　［キミュヂンッシ］キム・ユジンさん
  정준호 씨　［チョンヂュノッシ］チョン・チュノさん

2）少し親しくなれば、姓を取って「名前＋씨」で呼びます。

  유진 씨　　［ユヂンッシ］ユジンさん
  준호 씨　　［チュノッシ］チュノさん

3）同年配か年下の親しい相手などは、呼び捨てにしますが、名前の末尾にパッチムがある場合には「아」を、ない場合は「야」を付けます。

  유진아!　　［ユヂナ］ねえ、ユジン
  준호야!　　［チュノヤ］おい、チュノ

同年代か年下の親しい人のことについて話すときに、末尾にパッチムのある名前には「이」を付けます。

  유진이는 못 올 거야. ユジンは来られないと思うよ。
  준호는 정말 멋있어요. チュノは本当にカッコいいです。

4) 目上の人や、それなりの社会的地位にある人に呼びかける場合は「姓＋**선생님**」または「姓＋役職名＋**님**」で呼びます。目上の人の役職名には必ず「**님**［ニム］様」をつけて！

  김 선생님［キムソンセンニム］金先生
  박 사장님［パクサヂャンニム］朴社長

5) 学校や職場の先輩など、少し年上の親しい人には親族名称がよく使われます。

  형 ［ヒョン］兄貴(←男) **오빠**［オッパ］お兄さん(←女)
  누나［ヌナ］姉さん(←男) **언니**［オンニ］お姉さん(←女)

6) 商店の店員や通行人など、名前を呼び合うような関係ではない相手に対しては、それぞれ次のように呼びます。

  成人男性：**아저씨** ［アヂョッシ］おじさん、ご主人
  既婚女性：**아주머니**［アヂュモニ］おばさん、奥さん
      아줌마 ［アヂュンマ］おばちゃん
  若い女性：**아가씨** ［アガッシ］お嬢さん
      언니   ［オンニ］お姉さん

7) 何と呼んでよいか分からない場合や、姿が見えなくて呼びようがない場合は次のように声をかけます。

  저기요［ヂョキヨ］あのう、すみません

세이코 **처음 뵙겠습니다.**
チョウム　　ペプケッスムニダ
はじめまして。

저는 다케다 세이코라고 합니다.
チョヌン　　タケダ　　　セイコラゴ　　　ハムニダ
私は　　　　　　竹田聖子と　　　　申します。

유진 **안녕하세요?**
アンニョンハセヨ
こんにちは。

제 이름은 김유진입니다.
チェ　　イルムン　　　　　キムユヂニムニダ
　私の名前は　　　　　キム・ユジンです。

반갑습니다.
パンガプスムニダ
お会いできて嬉しいです。

※10日目から17日目までは対話文にカタカナルビを併記しましたが、あくまで読み方の目安にすぎません。なるべくルビに頼らず、CDの音声を通して韓国語の発音に慣れるようにしましょう。

語句
*〈 〉内には漢字表記を、[ ]内には発音が変化する部分の発音を記しています。

처음 初めて　뵙겠습니다 [-습-] お目にかかります　저 私
~는 ~は ☞文法2　다케다 세이코 竹田聖子
~라고 합니다 [-함-] ~と申します ☞文法4　제 私の　이름 名前
~은 ~は ☞文法2　김유진 キム・ユジン
~입니다 [-임-] ~です ☞文法3　반갑습니다 [-습-] 嬉しいです

表現

안녕하세요? 「お元気ですか」という意味ですが、初対面でもよく使われます。
반갑습니다 人に会って嬉しいとき、手紙や知らせをもらって嬉しいときに使われます。

関連語彙 自己紹介

직업 職業　취미 趣味　고향 出身地　일본 사람 日本人
한국 사람 韓国人　재일 교포 在日韓国人　회사원 会社員
공무원 公務員　자영업 自営業　주부 主婦　교사 教師
학생 学生

♣ 文 法 ♣

1 人称代名詞　저, 나　わたくし、私、僕

英語の場合、自分を指す代名詞は「I」のみ。日本語の場合は「わたくし」「私」「僕」「おれ」「わし」など数多くあって、話し手が自分のキャラクターや場面に合わせて使い分けます。韓国語の場合は、目上の人や距離感のある人の前では「저」を、同年輩や年下の親しい人の前では「나」を、というふうに使い分けます。

2 主題を表す助詞　～은/는　～は

日本語の助詞「～は」とほぼ同じ働きをします。「～」の部分に入る名詞の末尾にパッチムがある場合は「은」を、ない場合は「는」を付けます。パッチムがある場合は、パッチムと「으」が連続するので、連音させて発音してください。

① 末尾にパッチムのある名詞＋은

　　이름 名前 ⇒ 이름은 名前は
　　　　　　　　[이르믄]

② 末尾にパッチムのない名詞＋는

　　취미 趣味 ⇒ 취미는 趣味は

3 ～입니다　～です

つづりは「입니다」ですが、鼻音化するため[임니다]と発音します。「イムニダ」のように「ム」をはっきり発音しすぎないよう注意しましょう。名詞の末尾にパッチムがある場合は、パッチムと「이」が連続するので、連音させて発音してください。

　　주부 主婦 ⇒ 주부입니다 主婦です
　　　　　　　　[주부임니다]

　　회사원 会社員 ⇒ 회사원입니다 会社員です
　　　　　　　　　　[회사워님니다]

「～입니다」を「～입니까?」に変えれば、疑問形になります。

재일 교포입니까? 在日韓国人ですか?

―**네, 재일 교포입니다.** はい、在日韓国人です。

―**아니요, 일본 사람입니다.** いいえ、日本人です。

4 ～이라고 합니다　～といいます、～と申します

人名や物の名前などを紹介するときに使われる表現です。「～」の部分に入る単語の末尾にパッチムがある場合は「**이라고**」を、ない場合は「**라고**」を付けます。パッチムがある場合はパッチムと「**이**」が連続するので、連音させて発音してください。

① 末尾にパッチムのある名詞＋**이라고 합니다**

유진 ユジン ⇒ **유진이라고 합니다** ユジンと申します
　　　　　　　［유지니라고 합니다］

② 末尾にパッチムのない名詞＋**라고 합니다**

세이코 聖子 ⇒ **세이코라고 합니다** 聖子と申します

コラム　「韓国語の'メロディ'」

韓国語（ソウル言葉）では単語ごとに決まったアクセントがなく、単独で発音した場合と文中で発音した場合に、同じ単語が違う'メロディ'で発音されることがあります。

例
이름 名前　　　　　**유진** ユジン

이름은 名前は　　　**유진입니다** ユジンです

ですから発音の練習をするときは、CD をよく聞いて文ごとのメロディまでしっかり真似るようにしましょう。

練習問題

[CD15]

1 ①～⑤の言葉を使って例のように言ってみましょう。

> 例 **회사원** 会社員 ⇒ **회사원입니다.** 会社員です。

① **주부** 主婦

② **학생** 学生

③ **교사** 教師

④ **일본 사람** 日本人

⑤ **한국 사람** 韓国人

2 ①～⑤の言葉を使って「～は」と言ってみましょう。

> 例 **저** 私 ⇒ **저는** 私は　　**이름** 名前 ⇒ **이름은** 名前は

① **이 사람** この人

② **제 친구** 私の友人

③ **직업** 職業

④ **취미** 趣味

⑤ **고향** 出身地

3 ①〜⑤の言葉を使って例のように言ってみましょう。

例 **이름** 名前 / **유진** ユジン ⇒ **이름은 유진입니다.** 名前はユジンです。

① **취미** 趣味 / **테니스** テニス

② **직업** 職業 / **회사원** 会社員

③ **고향** 出身地 / **부산** プサン

④ **이 사람** この人 / **제 친구** 私の友達

⑤ **어머니** 母 / **배용준 씨 팬** ペ・ヨンジュンさんのファン

4 ①〜⑤の人名を使って例のように言ってみましょう。

例 **김유진** キム・ユジン

⇒ **이 사람 이름은 김유진이라고 합니다.**
この人の名前はキム・ユジンといいます。

① **요시무라** 吉村

② **에리카** 絵理果

③ **미우라 준** 三浦 潤

④ **이명식** イ・ミョンシク

⑤ **정수희** チョン・スヒ

유진 세이코 씨는 학생이세요?

聖子さんは 学生さんですか?

세이코 아뇨, 저는 회사원이에요. 유진 씨는요?

いいえ、私は 会社員です。 ユジンさんは?

유진 전 대학원생이에요.

私は 大学院生です。

무슨 띠세요?

なに年でいらっしゃいますか?

세이코 용띠예요.

辰年です。

유진 전 말띠예요. 제가 동생이네요.

私は 午年です。 私のほうが 妹ですね。

語句

〜씨 〜さん   학생〈學生〉学生   〜이세요? 〜でいらっしゃいますか? ☞文法2   아니요 いいえ   회사원〈會社員〉会社員

〜이에요 〜です ☞文法1   〜요 ☞12日目文法4   전 ←저는の縮約形

대학원생〈大學院生〉大学院生   무슨〜 何の〜   띠 干支の年

〜세요? 〜でいらっしゃいますか? ☞文法2   용띠〈龍-〉辰年

〜예요 〜です ☞文法1   말띠 午年   제가 私が ☞13日目文法2

동생 妹   〜이네요 〜ですね ☞25日目文法4

関連語彙 十二支(えと)

それぞれ動物の名前と同じで、「띠」を付ければ「〜年(どし)」となります。酉年と亥年は、韓国では「ニワトリ年」と「ブタ年」になります。

쥐 子(ネズミ)   소 丑(ウシ)   호랑이 寅(トラ)   토끼 卯(ウサギ)

용 辰(タツ)   뱀 巳(ヘビ)   말 午(ウマ)   양 未(ヒツジ)

원숭이 申(サル)   닭 酉(ニワトリ)   개 戌(イヌ)   돼지 亥(ブタ)

♣ 文 法 ♣

1 〜이에요/예요(?)　〜です(か?)

「〜입니다」がフォーマルな丁寧形であるのに対し、「〜이에요/예요」はソフトで親しみのこもった丁寧形です。「〜」の部分に入る名詞の末尾にパッチムのある名詞には「이에요」を、パッチムがない名詞には「예요」を付けます。

① 末尾にパッチムのある名詞＋이에요

　　회사원 会社員 ⇒ **회사원이에요** 会社員です

② 末尾にパッチムのない名詞＋예요

　　주부 主婦 ⇒ **주부예요** 主婦です

❕「〜이에요/예요」の「요」を上り調子に発音すれば、疑問文になります。

　　정말이에요? 本当ですか?

　　네, 정말이에요. ええ、本当です。

2 〜(이)세요(?)　〜でいらっしゃいます(か?)

丁寧に話している相手に、その人自身のことを尋ねる場合、尊敬の意味のこもった表現を使います。単語の末尾にパッチムがあれば「이」を入れます。

① 末尾にパッチムのある名詞＋이세요?

　　회사원 会社員 ⇒ **회사원이세요?** 会社員でいらっしゃいますか?

② 末尾にパッチムのない名詞＋세요?

　　주부 主婦 ⇒ **주부세요?** 主婦でいらっしゃいますか?

❗ 自分のことを「〜(이)세요?」で尋ねられた場合、「〜이에요/예요」で答えましょう。

주부세요? 主婦でいらっしゃいますか?

○ **네, 주부예요.** ええ、主婦です。
× **네, 주부세요.** ええ、主婦でいらっしゃいます。

3 名詞の敬語表現

日本語でも、目上の人のことについて話す場合、「日本人、教師、運転手」ではなく「日本の方、先生、運転手さん」といった尊敬表現を使いますね。同様に韓国語でも人を表す名詞にこのような尊敬表現があります。「**사람**」は「**분**」に変え、職業・職位などには「**님**」を付けます。一部、独特の尊敬表現もあります。

일본 사람 日本人	⇒	**일본 분** 日本の方
한국 사람 韓国人	⇒	**한국 분** 韓国の方
원장 院長	⇒	**원장님** 院長さん
기사 運転手	⇒	**기사님** 運転手さん
친구 友達	⇒	**친구 분** お友達
교사 教師	⇒	**선생님** 先生
의사 医者	⇒	**의사 선생님** お医者さん
변호사 弁護士	⇒	**변호사 선생님** 弁護士さん
부인/와이프 妻	⇒	**사모님** 奥さま
남편 夫	⇒	**남편 되시는 분** ご主人

11日目

練習問題

[CD17]

1 ①〜⑤の言葉を使って例のように言ってみましょう。

> 例 **회사원** 会社員 ⇒ **회사원이에요.** 会社員です。
> **주부** 主婦 ⇒ **주부예요.** 主婦です。

① **대학생** 大学生

② **교사** 教師

③ **공무원** 公務員

④ **일본 사람** 日本人

⑤ **재일 교포** 在日韓国人

2 ①〜⑤の言葉を使って例のように言ってみましょう。

> 例 **회사원** 会社員 ⇒ **회사원이세요?** 会社員でいらっしゃいますか?
> **주부** 主婦 ⇒ **주부세요?** 主婦でいらっしゃいますか?

① **학교 선생님** 学校の先生

② **축구 선수** サッカー選手

③ **관광객** 観光客

④ **재일 교포** 在日韓国人

⑤ **한국 분** 韓国の方

3 ①～⑥の言葉を使って例のように対話してみましょう。

> 例 **일본 분** 日本の方 / **사람** 人
> ⇒ A : **일본 분이세요?** 日本の方でいらっしゃいますか?
>   B : **네, 일본 사람이에요.** ええ、日本人です。

① **회사원** 会社員
② **재일 교포** 在日韓国人
③ **관광객** 観光客
④ **야구 선수** 野球選手
⑤ **한국 분/사람** 韓国の方/人
⑥ **중국 분/사람** 中国の方/人

4 ①～⑤の言葉を使って例のように対話してみましょう。

> 例 **일본 분** 日本の方 / **한국 사람** 韓国人
> ⇒ A : **일본 분이세요?** 日本の方でいらっしゃいますか?
>   B : **아니요, 한국 사람이에요.** いいえ、韓国人です。

① **회사원** 会社員 / **주부** 主婦
② **유학생** 留学生 / **관광객** 観光客
③ **축구 선수** サッカー選手 / **야구 선수** 野球選手
④ **재일 교포** 在日韓国人 / **일본 사람** 日本人
⑤ **한국 분** 韓国の方 / **일본 사람** 日本人

유진 그거 뭐예요?
クゴ　　ムォエヨ?
それ、　何ですか?

세이코 게임기예요.
ケイムギエヨ
ゲーム機です。

유진 언니 거예요?
オンニッコエヨ
聖子さんのですか?

세이코 아뇨, 제 거 아니에요.
アニョ　チェッコ　アニエヨ
いいえ、　　私のじゃありません。

유진 그럼 누구 거예요?
クロム　　ヌグッコエヨ
じゃあ、　誰のですか?

세이코 우리 동생 거예요.
ウリ　　トンセンッコエヨ
うちの　弟のです。

(語句)

그거 それ(**그것**の縮約形) ☞文法1　　**뭐** 何(**무엇**の縮約形)

게임기 〈-機〉ゲーム機 ※「게임」と書くが[께임]と発音することが多い。

언니 (女性にとっての)お姉さん。他人であっても女性どうし親しくなると年上に対してこのように呼ぶ。日本語では「○○さん」にあたる。　　**거** もの、〜の(**것**の縮約形)

아뇨 いいえ(**아니요**の縮約形)　　**내〜** 私の〜 ☞文法2

〜아니에요 〜じゃありません ☞文法3　　**그럼** じゃあ　　**누구** 誰

우리 私たち、うち　　**동생** 〈同生〉弟

(関連語彙 疑問に関する語)

무엇/뭐 何　　**누구** 誰　　**어디** どこ　　**언제** いつ　　**얼마** いくら

몇〜 何〜〈数を尋ねる〉　　**무슨〜** 何の〜〈種類を尋ねる〉

어떤〜 どんな〜〈様子を尋ねる〉

♣ 文 法 ♣

1 指し示す言葉　이/그/저/어느　この / その / あの / どの

日本語の「コソアド」言葉に相当します。「이, 그, 저, 어느」は「이 방(この部屋)」「그 사람(その人)」のように、後ろに名詞を伴って使われます。「것」は「もの、こと」という意味で、話し言葉では「거」と縮約されます。

이〜 この〜	그〜 その〜	저〜 あの〜	어느〜 どの〜
이것 これ	그것 それ	저것 あれ	어느것 どれ
이거 これ	그거 それ	저거 あれ	어느거 どれ

2 所有・所属の表現　〜の〜

韓国語で所有や所属を表す場合、日本語の「の」にあたる助詞は必要なく、名詞を並べるだけで表すことができます。

　　세이코 씨 핸드폰　聖子さんの携帯電話

　　회사 사장　会社の社長

❗「私の/僕の」という場合に限り「저」「나」ではなく「제」「내」という形を使います。

　　제 핸드폰　私の携帯電話

　　내 친구　僕の友だち

3 ～(이/가) 아니에요　～ではありません

「～예요/이에요（～です）」の否定表現です。正しくは「～**이/가　아니에요**」ですが、話し言葉では助詞の「**이/가**（☞13日目文法2）」がしばしば省略されます。

① 末尾にパッチムのある名詞＋(이) 아니에요

　　한국 사람 韓国人 ⇒ **한국 사람(이) 아니에요.** 韓国人ではありません。

② 末尾にパッチムのない名詞＋(가) 아니에요

　　남자 친구 彼氏 ⇒ **남자 친구(가) 아니에요.** 彼氏ではありません。

4 丁寧の意味を添える終助詞　～요

日本語でも、「私、これ」とか「パソコンも？」というように、単語や文の一部だけを取り出して受け答えすることがありますね。韓国語も同様ですが、その場合、最後に「**요**」を付けると、はしょった感じながら、丁寧なニュアンスを加えることができます。

　　커피 두 잔요. コーヒー2杯（お願いします）。

　　쥐띠요? ネズミ年（ですか）？

❗ 末尾にパッチムのある単語には「**이요**」が付くこともあります。

コラム　「우리（私たち、うち）」

「**우리 나라**（我が国）」「**우리 집**（我が家、うち）」「**우리 학교**（私たちの学校、うちの学校）」「**우리 회사**（我が社、うちの会社）」というように、「**우리**」には「我々」「私たち」「うち」など様々なニュアンスが込められています。「**우리**」とは「**나**（わたし、自分）」の複数形であると同時に「自分の属する共同体」をも指す言葉で、そのため、2人兄弟であっても「**우리 동생**（うちの弟）」、一夫一妻であっても「**우리 남편**（うちの夫）」といった言い方をします。

練習問題

[CD 19]

1 ①〜⑤の言葉を使って例のように言ってみましょう。

> 例　**제 핸드폰** 私の携帯電話
> ⇒ **제 핸드폰 아니에요.** 私の携帯電話じゃありません。

① **제 가방** 私のカバン

② **세이코 씨 차** 聖子さんの車

③ **일본 사람** 日本人

④ **유학생** 留学生

⑤ **내 여자 친구** 僕の彼女

2 ①〜⑤の言葉を使って例のように対話をしてみましょう。

> 例　**이 가방 / 수희 씨 거 / 누구 거 / 주영 씨 거**
> 　　このカバン　スヒさんのもの　誰のもの　チュヨンさんのもの
> ⇒ A：**이 가방 수희 씨 거예요?** このカバン、スヒさんのですか？
> 　 B：**아뇨, 수희 씨 거 아니에요.** いいえ、スヒさんのじゃありません。
> 　 A：**그럼 누구 거예요?** じゃあ、誰のですか？
> 　 B：**주영 씨 거예요.** チュヨンさんのです。

① **그 차 / 명식이 거 / 누구 거 / 수희 거**
　　その車　ミョンシクのもの　誰のもの　スヒのもの

② **그 노트북 / 형 거 / 누구 거 / 아버지 거**
　　このノートパソコン　兄さんのもの　誰のもの　父のもの

③ **이 노래 / 한국 노래 / 어느 나라 노래 / 일본 노래**
この歌　　韓国の歌　　どこの国の歌　　日本の歌

④ **저 건물 / 학교 / 무슨 건물 / 병원**
あの建物　　学校　　何の建物　　病院

⑤ **그 영화 / 공포 물 / 어떤 영화 / 멜로 물**
その映画　　ホラーもの　　どんな映画　　恋愛もの

3 ①～⑤の言葉を使って例のように言ってみましょう。

> 例 **그것** それ / **민수 씨 거** ミンスさんのもの / **저것** あれ
> ⇒ A : **그것은 민수 씨 거예요.** それはミンスさんのです。
> B : **그럼 저것은요?** じゃあ、あれは?

① **집** 家 / **서울** ソウル / **고향** 出身地

② **나이** 歳 / **스물 둘** 22 / **취미** 趣味

③ **이것** これ / **집 전화번호** 家の電話番号 / **핸드폰 번호** 携帯電話の番号

④ **이 가방** このカバン / **언니 거** お姉さんのもの / **그 모자** その帽子

⑤ **냉면** 冷麺 / **사천오백 원** 4,500ウォン / **비빔밥** ビビンバ

세이코 유진 씨 방에 팩스 있어요?

<u>ユヂンシ</u> <u>バンエ</u> <u>ペクス</u> <u>イッソヨ</u>
ユジンさんの部屋に ファックスあります？

유진 아뇨, 제 방에는 팩스가 없어요.

<u>アニョ</u> <u>チェ</u> <u>バンエヌン</u> <u>ペクスガ</u> <u>オプソヨ</u>
いいえ、 私の部屋には ファックスが ありません。

세이코 그럼 컴퓨터는요?

<u>クロム</u> <u>コムピュトヌンニョ</u>
じゃあ、 コンピューターは？

유진 아직 컴퓨터도 없어요. 하지만 집 근처에

<u>アヂク</u> <u>コムピュトド</u> <u>オプソヨ</u> <u>ハヂマン</u> <u>チプ</u> <u>クンチョエ</u>
まだ コンピューターも ありません。 でも 家の近くに

피시방이 있어요.

<u>ピシバンイ</u> <u>イッソヨ</u>
ネットカフェがあります。

세이코 그래요? 그럼 이메일 주소 있어요?

<u>クレヨ</u> <u>クロム</u> <u>イメイル</u> <u>チュソ</u> <u>イッソヨ</u>
そう？ じゃあ、 メールアドレス あります？

유진 네. …여기 있어요.

<u>ネ</u> <u>ヨギ</u> <u>イッソヨ</u>
ええ。 …はい、これ。

(語句)

방 〈房〉 部屋　　～에 ～へ ☞文法4　　팩스 ファックス
있어요? ありますか? ☞文法1　　～가 ～が ☞文法2
없어요 ありません ☞文法1　　컴퓨터 コンピューター　　아직 まだ
～도 ～も ☞文法3　　하지만 でも　　집 家　　근처 〈近處〉近所、近く
피시방 〈PC房〉ネットカフェ　　～이 ～が ☞文法2　　그래요? そうですか?
이메일 주소 〈Email住所〉メールアドレス　　네 はい、ええ　　여기 ここに

(表現)

여기 있어요. はい、これ。(ものを手渡すときの言葉)

コラム　インターネット

ネット大国・韓国では超高速情報通信網が全国に張り巡らされ、若者を中心に、インターネット（**인터넷**）の普及率は世界一レベル。多くの人が自分のミニホームページ（**미니홈피**）に写真（**사진**）をアップしたり、ブログ（**블로그**）やチャット（**채팅**）を楽しんでいます。街のいたるところにはネットカフェ（**피시방**）があり、ゲームもオンラインゲーム（**온라인 게임**）が主流です。でも、ハッキング（**해킹**）や迷惑メール（**스팸메일**）などの迷惑行為も氾濫しているので、注意が必要なのはいずこも同じですね。

♣ 文 法 ♣

1 存在を表す表現　있어요・없어요　あります・ありません

存在の有無を表します。日本語では生物の存在を表すのか、無生物の存在を表すのかによって「いる・いない」「ある・ない」を使い分けますが、韓国語では生物も無生物も「있어요・없어요」で表します。

남자 친구 있어요? 彼氏います?

아뇨, 없어요. いいえ、いません。

시간 없어요? 時間ありませんか?

아뇨, 있어요. いいえ、ありますよ。

❗「있어요(あります)」「없어요(ありません)」は「있다(ある)」「없다(ない)」の「-다」を丁寧の語尾「-어요」に入れ替えて作られた丁寧形です。(☞15日目文法1)

2 主語を表す助詞　～이/가　～が

日本語の助詞「が」にあたり、文の主語を表します。末尾にパッチムがある名詞には「이」を付け、ない名詞には「가」を付けます。

① 末尾にパッチムのある名詞＋이

　　이메일 Eメール ⇒ **이메일이** Eメールが

② 末尾にパッチムのない名詞＋가

　　컴퓨터 パソコン ⇒ **컴퓨터가** パソコンが

❗「저(私)」「나(僕、わたし)」に「가」を付ける場合は、「제가(私が)」「내가(僕が)」とします。

3 添加を表す助詞 〜도 〜も

日本語の助詞「も」にあたり、同種のものを追加したり並べ立てる場合に使います。名詞の末尾にパッチムがあるかないかにかかわらず「도」を付けます。

핸드폰도 있어요. 携帯電話もあります。

컴퓨터도 있어요. パソコンもあります。

4 場所や時を表す助詞 〜에 〜に

日本語の助詞「に」にあたり、存在の場所や時間を表します。「〜」に入る名詞の末尾にパッチムがあるかないかにかかわらず「에」を付けます。「에」の後に「는(は)」や「도(も)」を付け加えることもできます。

우리 집에도 있어요. うちにもあります。

회사에는 없어요. 会社にはありません。

❗ 場所を表す代名詞「여기(ここ)」「거기(そこ)」「저기(あそこ)」「어디(どこ)」には「에」を付けることもできますが、話し言葉ではしばしば省略されます。

화장실은 어디 있어요? トイレはどこにありますか?

저기 있어요. あそこにあります。

練習問題

[CD21]

1 ①〜⑤の言葉を使って例のように言ってみましょう。

> 例　핸드폰 携帯電話 ⇒ 핸드폰이 없어요. 携帯電話がありません。
> 컴퓨터 コンピューター ⇒ 컴퓨터가 없어요. コンピューターがありません。

① 차　車

② 돈　お金

③ 여유　余裕

④ 지갑　財布

⑤ 숟가락　スプーン

2 ①〜⑤の言葉を使って例のように言ってみましょう。

> 例　핸드폰 携帯電話 / 가방 속 カバンの中
> ⇒ A：핸드폰은 어디 있어요? 携帯電話はどこにありますか？
> 　　B：가방 속에 있어요. カバンの中にあります。

① 컴퓨터 コンピューター / 제 방 私の部屋

② 피시방 ネットカフェ / 집 근처 家の近所

③ 차 車 / 주차장 駐車場

④ 편의점 コンビニ / 역 앞 駅前

⑤ 화장실 トイレ / 지하 地下

3 ①～⑤の言葉を使って例のように言ってみましょう。

例 **제 방** 私の部屋 / **냉장고** 冷蔵庫
⇒ **제 방에는 냉장고도 있어요.**
　私の部屋には冷蔵庫もあります。

① **이 층** 2階 / **욕실** 浴室
② **집 근처** 家の近所 / **은행** 銀行
③ **역 앞** 駅前 / **마트** スーパー
④ **앞 집** 向かいの家 / **강아지** イヌ
⑤ **우리 집** うち / LCD TV 液晶テレビ

4 3の①～⑤の言葉を使って例のように言ってみましょう。

例 **제 방** 私の部屋 / **냉장고** 冷蔵庫
⇒ **제 방에도 냉장고가 있어요.**
　私の部屋にも冷蔵庫があります。

세이코 일요일에는 보통 뭐 해요?
イリョイレヌン　　ボトン　ムォ　ヘヨ
日曜日は※　　ふつう　　何しますか？

유진 일요일에는 대개 청소하고 빨래를 해요.
イリョイレヌン　　テゲ　　チョンソハゴ　　パルレルル　ヘヨ
日曜日は　　たいてい　　掃除と　　洗濯を　　します。

세이코 외출은 안 해요?
ウェチュルン　アネヨ
外出は　　しないの？

유진 외출도 해요. 저, 쇼핑을 좋아해요.
ウェチュルド　ヘヨ　チョ　ショピンウル　チョアヘヨ
外出も　　しますよ。私、買い物が　好きなんです。

세이코 그래요? 그럼 다음 일요일에는 나하고 같이
クレヨ　クロム　タウム　イリョイレヌン　ナハゴ　カチ
そう？　じゃあ、今度の日曜日は　私と　一緒に

쇼핑해요.
ショピンヘヨ
買い物しましょう。

※日本語では「日曜日には」の「に」は強調の意図がない限り普通省略されますが、韓国語の場合、時を表す「에」は原則的に省略されません。

(語句)

일요일 〈日曜日〉 日曜日　　~에 ~に(時を表す)　　보통 〈普通〉 ふつう

해요 します ☞文法1　　대개 〈大槪〉 たいてい　　청소 〈淸掃〉 掃除

~하고 ~と ☞文法4　　빨래 洗濯　　~를 ~を ☞文法2

외출 〈外出〉 外出　　안 ☞文法3　　쇼핑 ショッピング、買い物

~을 ~を ☞文法2　　좋아하다 好む、好きだ　　다음 次　　나 私

같이 [가치] 一緒に

(関連語彙)「~해요」の形で使える名詞

식사 食事　　근무 勤務　　운동 運動　　공부 勉強　　여행 旅行

준비 準備　　출발 出発　　도착 到着　　인터넷 インターネット

전화 電話　　연락 連絡　　게임 ゲーム　　드라이브 ドライブ

(関連語彙) 曜日

일요일 日曜日　　월요일 月曜日　　화요일 火曜日　　수요일 水曜日

목요일 木曜日　　금요일 金曜日　　토요일 土曜日　　무슨 요일 何曜日

♣ 文法 ♣

1 해요　します、しています

「**해요**(します)」は単独でも使えるし、「**쇼핑해요**(ショッピングします)」のように、動作を表す名詞に付けて使うこともできます。

　　매일 방 청소를 해요. 毎日、部屋の掃除をします。

　　매일 방을 청소해요. 毎日、部屋を掃除します。

❗「**해요**(します)」は、「**하다**(する)」の「**-다**」を丁寧の語尾「**-여요**」に入れ替え、さらに縮約して作られた丁寧形です。「**요**」の部分のイントネーションによって疑問文(しますか?)、平叙文(します)、指示・勧め(してください)や誘い(しましょう)を表す文となります。

　　해요↗ しますか?　　**해요→** します　　**해요↘** してください、しましょう

2 対象を表す助詞　～을/를　～を

日本語の助詞「を」にあたり、動作の対象を表します。末尾にパッチムのある名詞には「**을**」を、ない名詞には「**를**」を付けます。

① 末尾にパッチムのある名詞＋**을**

　　빵 パン ⇒ **빵을** パンを

② 末尾にパッチムのない名詞＋**를**

　　커피 コーヒー ⇒ **커피를** コーヒーを

❗「**좋아하다**」は日本語の「好む」にあたる動詞なので、助詞は「**을/를**」を使います。日本語の「～が好きです」につられて「**～가 좋아해요**」などと言わないように注意。

　　저는 커피를 좋아해요. 私はコーヒーが好きです。

3 否定の副詞　안 ~　~ない

動詞や形容詞の直前に否定の副詞「안」を入れると否定文を作ることができます。

해요 します ⇒ 안 해요 しません

해요? しますか? ⇒ 안 해요? しませんか?

> 否定する動詞が「名詞＋하다」という形になっている場合、「안」は名詞と「하다」の間に入れます。ただし、「좋아하다（好む、好きだ）」のように「좋아」が名詞ではない場合は「안」は「좋아하다」の前に入れます。

공부해요 勉強します ⇒ 공부 안 해요 勉強しません

좋아해요 好きです ⇒ 안 좋아해요 好きではありません

4 並列の助詞　~하고　~と

日本語の助詞「と」にあたり、2つ以上のものを並べ立てるときや、「~と一緒に」といった表現で使われます。名詞の末尾にパッチムがあるかないかにかかわらず「하고」を付けますが、名詞末尾が「ㄱ, ㅂ, ㅅ」などのパッチムである場合は激音化するので発音に注意しましょう。(☞ 8日目文法4)

밥하고 김치가 최고예요. ご飯とキムチが最高です。
[바파고]

옷하고 신발을 준비해요. 服と靴を準備します。
[오타고]

練習問題

[CD23]

1 ①〜⑤の言葉を使って例のように言ってみましょう。

> 例　**청소** 掃除 ⇒ **청소를 해요.** 掃除をします。

① **안내** 案内

② **주문** 注文

③ **예약** 予約

④ **운전** 運転

⑤ **드라이브** ドライブ

2 ①〜⑤の言葉を使って例のように言ってみましょう。

> 例　**방** 部屋 / **청소** 掃除 ⇒ **방을 청소해요.** 部屋を掃除します。

① **교토** 京都 / **안내** 案内

② **비빔밥** ビビンバ / **주문** 注文

③ **호텔** ホテル / **예약** 予約

④ **차** 車 / **운전** 運転

⑤ **해변** 海辺 / **드라이브** ドライブ

3 1の①〜⑤の言葉を使って例のように言ってみましょう。

例 **청소** 掃除 ⇒ **청소를 안 해요.** 掃除をしません。

4 ①〜⑤の言葉を使って例のように言ってみましょう。

例 **사과** リンゴ / **귤** ミカン
⇒ **사과하고 귤을 좋아해요.** リンゴとミカンが好きです。

① **빵** パン / **커피** コーヒー

② **영화** 映画 / **음악** 音楽

③ **비빔밥** ビビンバ / **갈비** カルビ

④ **쇼핑** ショッピング / **드라이브** ドライブ

⑤ **게임** ゲーム / **만화** 漫画

세이코 유진 씨는 아침에 뭘 먹어요?

ユジンさんは 朝、何を 食べるの?

유진 아침에는 커피하고 빵을 먹어요.

朝は コーヒーと パンを 食べます。

세이코 커피를 좋아해요?

コーヒーが 好きなの?

유진 네, 참 좋아해요. 하루에 다섯 잔 정도

ええ、とても 好きです。 1日に 5杯ぐらい

마셔요.

飲みます。

세이코 아, 그래요? 나도 세 잔은 마셔요.

あら、そうなの? 私も (1日に)3杯は 飲むのよ。

語句

아침 朝　　**뭘** 何を(무엇을の縮約形)　　**먹다** 食べる

-어요 -ます ☞文法1　　**커피** コーヒー　　**빵** パン

참 とても、ほんとに　　**하루** 1日　　**~에** ~に(~につき、~あたり)

다섯 5　　**~잔** ~杯 ☞P.37　　**정도** 〈程度〉ていど、~ぐらい

마시다 飲む　　**아** ああ、あら

コラム　丁寧さについて

「요」で終わる語尾は丁寧を表す語尾ですが、日本語の「です、ます」より広い範囲で使われます。従って、訳語も「です、ます」調になったり、「なの、なのよ、なのね」となったりします。丁寧さの度合いは、自分のことを「저(わたくし)」と言うか「나(僕、私)」と言うか、相手の行動を尊敬形(☞16日目)で表わすかどうかなどの組み合わせによって表現されます。

저는 커피를 좋아해요. 언니도 좋아하세요?
私はコーヒーが好きです。聖子さんもお好きですか?

나도 좋아해요. 유진 씨는 케이크도 좋아해요?
私も好きよ。ユジンさんはケーキも好きなの?

♣ 文 法 ♣

① 丁寧の語尾　-아/어/여요(?)　-です(か)、-ます(か)

ここでは、動詞や形容詞(これらをひとまとめにして「用言」と言います)を丁寧な形にする一般的な方法を学びます。そのためには、いくつかの手順を踏む必要があります。

① まず、韓国語の用言(動詞や形容詞)はすべて「-다」で終わる形で辞書に載っています。これを「**基本形**」と言い、「-**다**」を除いた部分を「**語幹**」、「-**다**」の部分を「**語尾**」と言います。

基本形　좋다　먹다　좋아하다
語幹　　　　　　　　　　　　語尾

② 語幹に含まれる最後の母音が「ㅏ」か「ㅗ」であれば陽母音語幹、それ以外であれば陰母音語幹と言います。ただし、「**하다**」および「**～하다**」は**하다**用言といって別扱いとなります。

陽母音語幹(用言)	알(다)	좋(다)
陰母音語幹(用言)	먹(다)	없(다)
하다用言	하다	좋아하다

③ 陽母音語幹には「**아요**」を、陰母音語幹には「**어요**」をつけ、**하다**用言は「**해요**」に変えれば、丁寧形の出来上がりです。

陽母音語幹+아요

　　좋(다) 良い + 아요 ⇒ 좋아요 良いです

陰母音語幹+어요

　　먹(다) 食べる + 어요 ⇒ 먹어요 食べます

　　하(다)〈+여요〉※ ⇒ 해요 します

※本来「**하다**」の語幹には「**여요**」が付き、これが縮約されて「**해요**」となるのですが、「**하여요**」という形は実際には使われません。

④ 語幹末にパッチムのない語幹の場合、大部分は語幹末の母音と語尾「-아/어」が縮まって縮約形となります。縮約の型は語幹末の母音によって決まります。

ㅏ+아요 ⇒ ㅏ요	가다 行く ⇒	가요 行きます
ㅗ+아요 ⇒ ㅘ요	오다 来る ⇒	와요 来ます
ㅜ+어요 ⇒ ㅝ요	배우다 習う ⇒	배워요 習います
ㅡ+어요 ⇒ ㅓ요	쓰다 使う ⇒	써요 使います
ㅣ+어요 ⇒ ㅕ요	마시다 飲む ⇒	마셔요 飲みます
ㅐ+어요 ⇒ ㅐ요	보내다 送る ⇒	보내요 送ります
ㅚ+어요 ⇒ ㅙ요	되다 なる ⇒	돼요 なります

❗「아/어/여/요」で終わる文は、イントネーションによって疑問、平叙、指図・勧め、誘いなどを表す文となります。

疑問	이거 먹어요?	これ食べます?
平叙	네, 먹어요.	ええ、食べます。
誘い	같이 먹어요.	一緒に食べましょう。
指図・勧め	빨리 먹어요.	早く食べて。

練習問題

[CD 25]

1 ①〜⑫の用言を、例のように丁寧形に活用させてみましょう。

> 例 **알다** 分かる ⇒ **알아요** 分かります
> **마시다** 飲む ⇒ **마셔요** 飲みます

① **맞다** そのとおりだ

② **없다** ない

③ **좋다** 良い

④ **놀다** 遊ぶ

⑤ **많다** 多い

⑥ **맛있다** おいしい

⑦ **사다** 買う

⑧ **보다** 見る

⑨ **지내다** 過ごす

⑩ **기다리다** 待つ

⑪ **예쁘다** すてきだ

⑫ **주다** くれる

2 ①～⑥の単語を使って、例のように言ってみましょう。

例 날씨 天気 / 좋다 良い ⇒ 날씨가 좋아요. 天気が良いです。

① 김치 キムチ / 맛있다 おいしい
② 일 仕事 / 많다 多い
③ 친구 友達 / 오다 来る
④ 시간 時間 / 없다 ない
⑤ 목걸이 ネックレス / 예쁘다 すてきだ
⑥ 가격 価格 / 싸다 安い

3 ①～⑥の単語を使って、例のように言ってみましょう。

例 커피 コーヒー / 마시다 飲む ⇒ 커피를 마셔요. コーヒーを飲みます。

① 신문 新聞 / 보다 見る
② 이메일 Eメール / 보내다 送る
③ 책 本 / 읽다 読む
④ 한국어 韓国語 / 배우다 習う
⑤ 돈 お金 / 쓰다 使う
⑥ 친구 友達 / 기다리다 待つ

유진 언니는 무슨 일을 하세요?
オンニヌン　　ムスンニルル　　ハセヨ
聖子さんは　　何の仕事を　　されているんですか?

세이코 나는 아이티 회사에서 일해요.
ナヌン　アイティ　　フェサエソ　　イレヨ
私は　　　　　　IT会社で　　　　働いてるの。

유진 회사에는 어떻게 다니세요?
フェサエヌン　　オットケ　　タニセヨ
会社には　　　　何で　　　通っておられるんですか。

세이코 지하철로 다녀요.
チハチョルロ　タニョヨ
地下鉄で　　通ってるのよ。

유진 회사 일 재미있으세요?
フェサ　イル　　チェミイッスセヨ
お仕事、　　　　楽しいですか?

세이코 그럼요.
クロムニョ
もちろん。

語句

일 仕事　　하다 する　　-세요? -ますか? ☞文法1　　아이티 IT
회사 会社　　~에서 ~で ☞文法2　　일하다 働く
어떻게 どのように、どういう手段で　　다니다 通う　　지하철 地下鉄
~로 ~で ☞文法3　　재미있다 面白い　　그럼요 もちろん

関連語彙　乗り物

자전거 自転車　　버스 バス　　전철 電車　　지하철 地下鉄
자가용 マイカー　　배 船　　신칸센 新幹線　　비행기 飛行機

♣ 文 法 ♣

1 尊敬を含む丁寧の語尾 −(으)세요(?) −なさいます(か)

11日目で、丁寧に話している相手に、その人自身のことを尋ねる場合「〜(이)세요?」と表現することを習いましたが、これは「〜」に名詞が入る場合でした。動詞や形容詞を同様に活用させるには語幹に「−(으)세요」をつけます。語幹の末尾にパッチムがあれば「으」が入り、語幹末のパッチムが「ㄹ」である場合には、その「ㄹ」が脱落します。

① 末尾にパッチムのある用言語幹＋으세요(?)

　　있다 ある ⇒ 있으세요(?) おありです(か)

② 末尾にパッチムのない用言語幹＋세요(?)

　　하다 する ⇒ 하세요(?) なさいます(か)

③ 末尾のパッチムがㄹである用言語幹 ⇒ ㄹ脱落後＋세요(?)

　　살다 住む ⇒ 사세요(?) お住まいです(か)

❗「−(으)세요」で終わる文は、「요」のイントネーションや文脈によって疑問、平叙、指図・勧めを表す文となります。

　疑問　　　선생님은 내일 오세요? 先生は明日来られますか？

　平叙　　　네, 오세요. ええ、いらっしゃいます。

　指図・勧め　이쪽으로 오세요. こちらにいらしてください。

❗自分のことを「−(으)세요」で尋ねられた場合、「−아/어/어요」で答えましょう。

　　어디 사세요? どこにお住まいですか？

　　○저는 나라에 살아요. 私は奈良に住んでいます。
　　×저는 나라에 사세요. 私は奈良に住んでおられます。

② 動作の場所を表す助詞　〜에서　〜で

動作の行われる場所を表す「〜で」という助詞にあたるのが「〜에서」です。名詞の末尾にパッチムがあるかないかにかかわらず「〜에서」を付けます。

회사에서 일해요. 会社で働いています。
집에서 공부해요. 家で勉強しています。

③ 手段・道具・材料を表す助詞　〜(으)로　〜で

手段・道具・材料を表す「〜で」という助詞にあたるのが「〜(으)로」です。名詞の末尾にパッチムがあれば「으」が入りますが、名詞末尾のパッチムが「ㄹ」であるときは「으」を入れません。

① 末尾にパッチムのある名詞＋으로

자가용 マイカー ⇒ **자가용으로** マイカーで

② 末尾にパッチムのない名詞＋로

버스 バス ⇒ **버스로** バスで

③ 末尾にㄹパッチムのある名詞＋로

전철 電車 ⇒ **전철로** 電車で

한국에서는 밥을 숟가락으로 먹어요.
韓国ではご飯をスプーンで食べます。

김치는 여러 가지 재료로 만들어요.
キムチはいろいろな材料で作ります。

練習問題

[CD27]

1 ①〜⑤の用言を、例のように活用させてみましょう。

> 例 **있다** ある ⇒ **있으세요** おありです / **있어요** あります

① **보다** 見る

② **입다** 着る

③ **좋아하다** 好きだ

④ **찾다** 探す

⑤ **살다** 住む

2 ①〜⑤の単語を使って、例のように対話してみましょう。

> 例 **티브이를 보다** テレビを見る
> ⇒ A: **티브이를 보세요?** テレビをご覧になりますか?
>   B: **네, 봐요.** ええ、見ます。

① **김치를 좋아하다** キムチが好きだ

② **한복을 입다** チマチョゴリを着る

③ **학원에 다니다** 教室に通う

④ **일본어을 공부하다** 日本語を勉強する

⑤ **그 사람을 알다** その人を知っている

3 ①～⑤の単語を使って、例のように対話してみましょう。

> 例 **한국어를 배우다** 韓国語を習う / **학원** 教室
> ⇒ A : **한국어는 어디서 배우세요?**
> 　　韓国語はどこで習っておられるんですか？
> 　B : **학원에서 배워요.** 教室で習っています。

① **식사를 하다** 食事をする / **회사 식당** 会社の食堂

② **옷을 사다** 服を買う / **백화점** 百貨店

③ **휴가를 지내다** 休暇を過ごす / **외국** 外国

④ **친구를 만나다** 友達に会う / **커피숍** コーヒーショップ

⑤ **전철을 타다** 電車に乗る / **길 건너** 道を渡ったところ

4 ①～⑤の単語を使って、例のように対話してみましょう。

> 例 **회사에 다니다** 会社に通う / **전철** 電車
> ⇒ A : **회사에는 어떻게 다니세요?**
> 　　会社には何で通っておられますか？
> 　B : **전철로 다녀요.** 電車で通っています。

① **히로시마에 가다** 広島に行く / **신칸센** 新幹線

② **연락을 하다** 連絡をする / **이메일** Eメール

③ **요금을 지불하다** 料金を支払う / **카드** カード

④ **그런 정보를 알다** そんな情報を知る / **인터넷** インターネット

⑤ **짐을 보내다** 荷物を送る / **택배** 宅配

세이코 주말에는 어떻게 지냈어요?

チュマレヌン　　　オットケ　　　チネッソヨ
週末は　　　　　どう　　　　過ごしたの？

유진 친구들하고 시내에 놀러 갔어요.

チングドゥラゴ　　シネエ　　ノルロ　　カッソヨ
友達と　　　　市内に　　遊びに　　行きました。

세이코 시내에서 뭐 했어요?

シネエソ　　ムォ　ヘッソヨ
市内で　　　何したの？

유진 영화도 보고 노래방에도 갔어요.

ヨンファド　ポゴ　　ノレバンエド　　カッソヨ
映画も　　見たし、　カラオケにも　行きました。

세이코 술도 마셨어요?

スルド　　マショッソヨ
お酒も　　飲んだの？

유진 밥은 먹었지만 술은 안 마셨어요.

パブン　　モゴッチマン　スルン　アン　マショッソヨ
ご飯は　食べたけど、お酒は　　飲みませんでした。

그래도 정말 재미있었어요.

クレド　　チョンマル　　チェミイッソッソヨ
それでも　本当に　　楽しかったですよ。

語句

주말 〈週末〉 週末　　지내다 過ごす　　-였- ☞文法1

~들 ~たち　　시내 〈市内〉 市内　　놀다 遊ぶ　　-러 가다 -(し)に行く ☞文法2

-았- ☞文法1　　영화 〈映畫〉 映画　　보다 見る

-고 -し ☞文法3　　노래방 〈--房〉 カラオケボックス　　가다 行く

술 お酒　　마시다 飲む　　-지만 -するけれども ☞文法4

그래도 それでも　　정말 本当に　　재미있다 面白い、楽しい

関連語彙　休日の過ごし方

공연을 보다 公演を見る　　　콘서트에 가다 コンサートに行く

데이트하다 デートする　　　볼링하다 ボウリングする

골프를 치다 ゴルフをする　　테니스를 치다 テニスをする

스케이트를 타다 スケートをする　스키를 타다 スキーをする

♣ 文 法 ♣

1 過去の補助語幹　-았/었/였-

動詞や形容詞の過去形を作るには語幹の後ろに補助語幹「았/었/였」を付け、最後に「-어요」「-지만」などの語尾で締めくくります。ただし、「았」「었」には「아요」「여요」ではなく「어요」が付きます。

① 陽母音語幹+았+어요

　　알다 分かる ⇒ 알았어요 分かりました

② 陰母音語幹+었+어요

　　먹다 食べる ⇒ 먹었어요 食べました

③ 하다 ⇒ 하+였+어요 ⇒ 했어요

　　좋아하다 好きだ ⇒ 좋아했어요 好きでした

語幹の末尾にパッチムがなく母音が連続した場合、「아/어/여요」の場合と同様に縮約形となります。(☞P.75)

　　ㅏ+았어요 ⇒ ㅆ어요　　가다 行く ⇒ 갔어요 行きました

　　ㅣ+었어요 ⇒ ㅆ어요　　마시다 飲む ⇒ 마셨어요 飲みました

2 行き来の目的を表す　-(으)러 가다・오다　-(し)に行く・来る

「-(으)러」は日本語の「(し)に行く・来る」の「(し)に」と同様に、「가다(行く)・오다(来る)」を伴って、行き来の目的を表します。語幹末にパッチムがあれば「으」が入ります。語幹末のパッチムがㄹの場合は、ㄹが脱落せず、パッチムがない場合と同じ形が付きます。

먹다 食べる ⇒ 먹으러 가다 食べに行く

사다 買う ⇒ 사러 가다 買いに行く

놀다 遊ぶ ⇒ 놀러 가다 遊びに行く

3 並列の語尾　−고　−(する)し、−(し)て、−(し)たり

2つ以上の動作や状態を並べ立てる語尾です。語幹末にパッチムがあってもなくても、陽母音語幹であっても陰母音語幹であっても常に語幹に「**고**」が付きます。

얼굴도 예쁘고 몸매도 좋고 머리도 좋아요.
　　　　　예쁘(다)+고　　좋(다)+고
顔もきれいだし、スタイルも良いし、頭もいいんです。

밥을 먹고 영화를 보고 옷을 샀어요.
　　　먹(다)+고　　보(다)+고
ご飯を食べ、映画を見、服を買いました。

4 逆接の語尾　−지만　−(する)けれども

相反する事実などを結びつける語尾です。語幹末にパッチムがあってもなくても、陽母音語幹であっても陰母音語幹であっても常に語幹に「**지만**」が付きます。過去形の語尾にも付けられます。

비빔밥은 좋아하지만 냉면은 별로 안 좋아해요.
　　　　　좋아하(다)+지만
ビビンバは好きだけど、冷麺はあまり好きではありません。

열심히 노력했지만 결과가 안 좋았어요.
　　　　노력했(다)+지만
一生懸命努力したけれど、結果が良くありませんでした。

練習問題

[CD29]

1 ①〜⑩の言葉を使って例のように言ってみましょう。

> 例 알다 分かる ⇒ 알았어요 分かりました
> 먹다 食べる ⇒ 먹었어요 食べました

① 맛있다 おいしい　　② 놀다 遊ぶ
③ 재미없다 面白くない　④ 좋아하다 好きだ
⑤ 가다 行く　　　　　　⑥ 오다 来る
⑦ 배우다 習う　　　　　⑧ 쓰다 使う
⑨ 되다 なる　　　　　　⑩ 공부하다 勉強する

2 ①〜⑤の言葉を使って例のように言ってみましょう。

> 例 신주쿠 新宿 / 옷을 사다 服を買う
> ⇒ 신주쿠에 옷을 사러 가요. 新宿に服を買いに行きます。

① 요코하마 横浜 / 중국음식을 먹다 中華料理を食べる
② 서울 ソウル / 쇼핑하다 ショッピングする
③ 홋카이도 北海道 / 스키를 타다 スキーをする
④ 오키나와 沖縄 / 다이빙을 하다 ダイビングをする
⑤ 체육관 体育館 /
　농구 시합을 구경하다 バスケットボールの試合を観戦する

3 ①〜③の2つの文を例のように「-고」を使ってつないでみましょう。

> 例 a. **영화도 봤어요.** 映画も見ました。
> b. **노래방에도 갔어요.** カラオケにも行きました。
> ⇒ **영화도 보고 노래방에도 갔어요.** 映画も見て、カラオケにも行きました。

① a. **김치는 맛도 있어요.** キムチはおいしいです。

b. **몸에도 좋아요.** 体にも良いです。

② a. **음악도 좋아해요.** 音楽も好きです。

b. **미술도 좋아해요.** 美術も好きです。

③ a. **오전에는 청소를 했어요.** 午前は掃除をしました。

b. **오후에는 빨래를 했어요.** 午後は洗濯をしました。

4 ①〜③の2つの文を、例のように「-지만」を使ってつないでみましょう。

> 例 a. **영화는 봤어요.** 映画は見ました。
> b. **노래방에는 안 갔어요.** カラオケには行きませんでした。
> ⇒ **영화는 봤지만 노래방에는 안 갔어요.**
> 映画は見たけれど、カラオケには行きませんでした。

① a. **빨래는 했어요.** 洗濯はしました。

b. **청소는 안 했어요.** 掃除はしていません。

② a. **운동은 좋아해요.** スポーツは好きです。

b. **야구는 별로 안 좋아해요.** 野球はあまり好きじゃありません。

③ a. **귀걸이는 예뻐요.** イヤリングはすてきです。

b. **머리띠는 안 어울려요.** ヘアバンドは似合いません。

1 助詞の整理

韓国語の助詞はおおよそ日本語の助詞とよく対応します。ただ、日本語の場合、名詞の形や種類によって助詞の形が変わることはありませんが、韓国語の場合はパッチムの有無により助詞の形が異なる場合があるので、注意が必要です。

意味 名詞の末尾	は	が	を	で (手段)
パッチムあり	은	이	을	으로
ㄹパッチム				로
パッチムなし	는	가	를	

意味	に	も	と	で (場所)
名詞の末尾のパッチムの 有無に関係なく	에	도	하고	에서

上の表のように対応しない場合もあります。下線を引いた部分をセットで覚えましょう。

그것은 제 것이 아니에요. それは私のではありません。

김치를 좋아해요. キムチが好きです。

친구를 만나요. 友達に会います。

버스를 타요. バスに乗ります。

2 語尾の整理

語尾接続のタイプは大きく次の3種類に分けられます。

(1) 語幹末にパッチムがあるかないか

語幹の末尾＼語尾	-(으)세요	-(으)러
パッチムあり	으세요	으러
パッチムなし	세요	러
ㄹパッチム	〈ㄹ脱落〉세요	〈ㄹ脱落せず〉러

(2) 語幹末の母音が陽母音か陰母音か

語幹末の母音＼語尾	-아/어/여요	-았/었/였어요
陽母音	아요	았어요
陰母音	어요	었어요
하다	여요	였어요

(3) パッチムの有無や母音の陰陽の区別をしない

あらゆる語幹	-고	-지만

これらの接続のタイプを今後、次のような名前で呼ぶことにします。

タイプ(1)は、そのものズバリ「**パッチム有無型**」。このタイプは語幹末が「ㄹパッチム」である場合に、この「ㄹパッチム」が脱落したりしなかったりします。

タイプ(2)は「**陰陽型**」。このタイプの語尾は一般に、語幹末が母音である場合、その母音と語尾の母音「아/어」との間で縮約が起こります。

タイプ(3)は基本形語尾の「다」を取って付け替えるだけの単純な語尾接続なので「**単純型**」とします。「ㄴ」で始まる語尾が付く場合は語幹末の「ㄹパッチム」が脱落します。

練習問題

[CD30]

1 次の文の（　）にあてはまる助詞を入れてみましょう。

① 저(　) 한국말(　) 공부해요.
私は韓国語を勉強しています。

② 한국(　) 친구(　) 있어요.
韓国に友達がいます。

③ 김치(　) 좋아하고 비빔밥(　) 좋아해요.
キムチも好きだしビビンバも好きです。

④ 역 앞(　) 언니(　) 언니 애인(　) 봤어요.
駅前でお姉ちゃんとお姉ちゃんの恋人を見ました。

⑤ 인터넷(　) 책(　) 시디(　) 샀어요.
インターネットで本とCDを買いました。

⑥ 우리 형(　) 한국(　) 애인(　) 있어요.
うちの兄は韓国に恋人がいます。

2 次の表の（　）の中に、意味に合うよう韓国語の用言の形を書いてみましょう。

	-(으)세요? - されますか	- 아/어/여요 - ます、- です	- 고 - し
오다 来る	（　　　） いらっしゃいますか	（　　　） 来ます	（　　　） 来るし
읽다 読む	（　　　） お読みになりますか	（　　　） 読みます	（　　　） 読むし
알다 知る	（　　　） ご存じですか	（　　　） 知っています	（　　　） 知ってるし
좋아하다 好きだ	（　　　） お好きですか	（　　　） 好きです	（　　　） 好きだし

	-(으)러 가요 - に行きます	- 았/었/였어요 - ました	- 지만 - けれど
보다 見る	（　　　） 見に行きます	（　　　） 見ました	（　　　） 見るけれど
먹다 食べる	（　　　） 食べに行きます	（　　　） 食べました	（　　　） 食べるけれど
놀다 遊ぶ	（　　　） 遊びに行きます	（　　　） 遊びました	（　　　） 遊ぶけれど
공부하다 勉強する	（　　　） 勉強しに行きます	（　　　） 勉強しました	（　　　） 勉強するけれど

세이코 유진 씨, 나, 다음 주에 서울에 가요.
ユジンさん、私、来週 ソウルに 行くの。

유진 어머, 그러세요? 무슨 일로요?
あら、そうなんですか。どんな ご用で?

세이코 그냥 혼자 놀러 가요.
ただ 一人で 遊びに行くの。

유진 혼자서요? 혼자서 뭐 하실 거예요?
一人でですか? 一人で 何 されるんですか?

세이코 여기저기 돌아다녀 보고 한국말도 많이
あちこち 回ってみて、韓国語も たくさん

써 볼 거예요.
使ってみようと思うの。

유진 아, 그러세요. 재밌으시겠어요.
ああ、そうですか。面白そうですね。

語句

다음 주 [--쭈] 来週　　**한국** 〈韓國〉 韓国　　**어머** あら、まあ

그러세요? そうでいらっしゃいますか？　　**일** 用事、こと

그냥 ただ、なんとなく　　**혼자** 一人で　　**혼자서** 一人で (혼자と同じ意味)

-시- ☞文法1　　**-ㄹ 거예요?** -(する)んですか ☞文法2　　**여기저기**
あちこち　　**돌아다니다** 歩き回る　　**-어 보다** -(し)てみる ☞文法4

한국말 [-궁-] 韓国語　　**많이** たくさん　　**쓰다** 使う

-ㄹ 거예요 -(し)ようと思います ☞文法2　　**재밌다** 面白い (재미있다の縮約形)　　**-으시-** ☞文法1　　**-겠어요** -(し)そうですね ☞文法3

関連語彙　観光地

옛 궁터 昔の王宮跡　　**공원** 公園　　**타워** タワー

박물관 博物館　　**미술관** 美術館　　**기념관** 記念館

유람선 遊覧船　　**민속촌** 民俗村　　**시장** 市場

면세점 免税店

♣ 文 法 ♣

1 尊敬の補助語幹 −(으)시−

第16課で「−(으)세요」という尊敬を含む丁寧の語尾を学習しましたが、これは用言を尊敬形にする補助語幹「−(으)시−」と丁寧語尾「−어요」が組み合わさったものでした。この「−(으)시−」を動詞や形容詞に付ければ尊敬形を作ることができ、「어요」以外にも様々な語尾や表現につなげることができます。語尾接続のタイプは「パッチム有無型」、語幹末のパッチムが「ㄹ」の場合は「ㄹ」が脱落します。

찾(다)+으시+어요? ⇒ 찾으세요? お探しですか?

오(다)+시+었어요 ⇒ 오셨어요 いらっしゃいました

알(다)+시+지만 ⇒ 아시지만 ご存じだけれども

❗ 一部の動詞には特殊な尊敬形があります。

먹다 食べる・마시다 飲む ⇒ 드시다 召し上がる

자다 寝る ⇒ 주무시다 お休みになる

있다 いる ⇒ 계시다 いらっしゃる

없다 いない ⇒ 안 계시다 いらっしゃらない

❗ 「있다・없다」が「ある・ない」という意味の場合は「있으시다(おありだ)・없으시다(例:〈お時間が〉ない)」となります。つまり、人に対する場合にのみ「계시다(いらっしゃる)・안 계시다(いらっしゃらない)」が使われます。

2 予定表現 −(으)ㄹ 거예요　−(し)ようと思います、−(す)るつもりです

予定や心づもりを表す表現です。語尾接続のタイプは「パッチム有無型」で、語幹末のパッチムが「ㄹ」の場合、「ㄹ」は脱落します。

주말에는 이 책을 읽을 거예요. 〈←읽다〉
週末にはこの本を読もうと思っています。

내년에는 꼭 한국에 갈 거예요. 〈←가다〉
来年は必ず韓国に行こうと思っています。

앞으로도 열심히 살 거예요. 〈←살다〉
これからも一生懸命生きようと(頑張ろうと)思います。

3 推察表現　-겠어요　-(し)そうですね、-(する)でしょう

自分が直接体験していない事柄に対して、「(いかにも)楽しそうですね」「(さぞかし)おいしいでしょうね」と推察する表現です。語尾接続のタイプは「単純型」。

정말 맛있겠어요. 〈←맛있다〉
本当においしそうですね。

저 사람 춥겠어요. 〈←춥다〉
あの人、寒そうですね。

4 つなぎの語尾　-아/어/여　(し)て

「行ってみる」「してくれる」のように、実質的な意味を持つ「行く」「する」といった動詞と、「みる」「くれる」ような補助的な意味を持つ動詞とをつなげる場合に用いる語尾です。語尾接続のタイプは「陰陽型」。

가(다)＋아＋보(다)＋세요　⇒　가 보세요　行ってごらんなさい

먹(다)＋어＋보(다)＋았어요　⇒　먹어 봤어요　食べてみました

하(다)＋여＋주(다)＋지만　⇒　해 주지만　してくれるけど

練習問題

[CD32]

1 ①〜⑤の言葉を使って例のように言ってみましょう。

> 例 **가다** 行く ⇒ **가시다** いらっしゃる

① **입다** 着る

② **알다** 知っている

③ **모르다** 知らない

④ **없다** いない

⑤ **살다** 住む

2 ①〜⑤の言葉を使って例のように言ってみましょう。

> 例 **휴가 때** 休暇 / **어디** どこ / **가다** 行く / **오키나와** 沖縄
>
> A: **휴가 때는 어디 가실 거예요?**
> 　　休暇の時はどこに行かれるんですか？
>
> B: **오키나와에 갈 거예요.**
> 　　沖縄に行こうと思っています。

① **결혼식 때** 結婚式の時 / **뭐** 何 / **입다** 着る / **한복** チマチョゴリ

② **선물** プレゼント / **뭐** 何 / **사다** 買う / **귀걸이** イヤリング

③ **이번에** 今度 / **뭐** 何 / **읽다** 読む / **추리소설** 推理小説

④ **서울에서** ソウルで / **어디** どこに / **있다** 滞在する / **남대문호텔** 南大門ホテル

⑤ **점심** 昼食 / **뭐** 何 / **먹다** 食べる / **갈비탕** カルビタン

3 ①～⑤の言葉を使って例のように言ってみましょう。

例 **재미있다** おいしい ⇒ **재미있겠어요** 面白そうですね。

① **비싸다** 値段が高い

② **좋다** よい

③ **맵다** 辛い

④ **힘들다** 大変だ

⑤ **피곤하시다** お疲れだ

4 ①～⑤の言葉を例のようにつなげてみましょう。

例 **먹다** 食べる / **보다** みる / **-았어요** ⇒ **먹어 보았어요.** 食べてみました。

① **입다** 着る / **보다** みる / **-세요**

② **찾다** 探す / **보다** みる / **-았어요?**

③ **오다** 来る / **주다** くれる / **-세요**

④ **가르치다** 教える / **주다** くれる / **-었어요**

⑤ **보이다** 見せる / **주다** あげる / **-세요**

20日目 [CD33]

유진 다음 주 언제 한국에 가세요?

세이코 금요일부터 일요일까지 이박삼일 동안요.

유진 그럼 제 친구를 소개해 드릴까요?

세이코 네? 친구요? 어떤 친구예요?

유진 대학교 후배예요.

언니한테 잘 해 줄 거예요.

세이코 정말요? 고마워요!

語句

언제 いつ　　금요일〈金曜日〉金曜日　　～부터 ～から ☞文法1

일요일〈日曜日〉日曜日　　～까지 ～まで ☞文法1　　이박삼일〈二泊三日〉2泊3日　　동안（時間的な）間、期間　　소개하다〈紹介-〉紹介する

드리다 差し上げる　　-ㄹ까요? -(し)ましょうか? ☞文法2

어떤 ～ どんな～、どういう～　　대학교〈大學校〉大学　　때 時

후배〈後輩〉後輩　　～한테 ～に ☞文法1　　잘 해 주다 よくしてくれる

-ㄹ 거예요 -するでしょう、-すると思います ☞文法3

関連語彙　時

내일 明日	오늘 今日	어제 昨日
다음 주 来週	이번 주 今週	지난 주 先週
다음 달 来月	이달 今月	지난 달 先月
내년 来年	올해 今年	작년 去年

※P.66で時を表す表現の場合、「다음 주에 만나요.(来週会いましょう)」のように「에」を付けるのが原則だとしましたが、時を表す語のうち「내일, 오늘, 어제」は、そのまま副詞として用いられるため、「내일 만나요.(明日会いましょう)」のように「에」を付けません。

♣ 文 法 ♣

1 到達点・起点・着点を表す助詞　～に、～から、～まで

日本語の「～に」「～から」にあたる助詞を、韓国語では「～」に入る名詞の種類によって使い分けます。

	に	から	まで
時	에	부터	까지
場所	에	에서	까지
人	한테	한테서	까지

아침부터 저녁까지 열심히 일했어요.
朝から晩まで一生懸命働きました。

도쿄에서 서울까지 비행기로 2시간 정도 걸려요.
東京からソウルまで飛行機で2時間ぐらいかかります。

삼촌한테서 용돈을 받았어요. 그것을 동생한테 줬어요.
おじさんからお小遣いをもらいました。それを妹にあげました。

2 提案・推量疑問の語尾　-(으)ㄹ까요?　-(し)ましょうか?、-(する)でしょうか?

自分または自分たちの行動にこの語尾を付ければ、「しましょうか?」のような申し出や提案の意味となり、それ以外のもの・こと・人の動作や状態に付ければ、「するでしょうか?」のように推量疑問となります。後者の用法の場合、過去の事柄にも付けられます。語尾接続のタイプは「パッチム有無型」、ㄹパッチムは脱落します。

① 自分または自分たちの行動について

같이 갈까요? 〈←가다〉
一緒に行きましょうか？

뭘 먹을까요? 〈←먹다〉
何を食べましょうか？

카레 만들까요? 〈←만들다〉
カレー作りましょうか？

② 上記以外の動作・状態について

비가 올까요? 〈←오다〉
雨が降るでしょうか？

돈이 없을까요? 〈←없다〉
お金がないでしょうか？

도착했을까요? 〈←도착했다〉
到着したでしょうか？

3 推量表現 -(으)ㄹ 거예요 -(する)でしょう、-(する)と思います

19日目で意思を表す「-(으)ㄹ 거예요」を学習しましたが、主語が自分で、能動的な動作に限られるものでした。今日の本文に出てきた「-(으)ㄹ 거예요」は、それ以外のもの・こと・人の動作・状態などに用いられて、推測を意味します。また、過去の事柄にもつけられます。

부장님은 회의실에 계실 거예요. 〈←계시다〉
部長は会議室におられると思います。

이게 더 좋을 거예요. 〈←좋다〉
こっちの方がいいでしょう。

그 사람이 제일 많이 먹었을 거예요. 〈←먹었다〉
その人がいちばんたくさん食べたと思いますよ。

練習問題

[CD34]

1 次の文の( )にあてはまる助詞を入れてみましょう。

① 아홉 시( ) 다섯 시 반( ) 일해요.
9時から5時半まで働きます。

② 집( ) 역( ) 자전거( ) 가요.
家から駅まで自転車で行きます。

③ 집( ) 누나( ) 이야기했어요.
家で姉さんに話しました。

④ 오빠( ) 이메일( ) 왔어요.
お兄ちゃんからEメールが来ました。

⑤ 서울( ) 형( ) 전화( ) 왔어요.
ソウルから兄さんに電話がかかってきました。

2 例のように①〜⑤の文を変化させて対話してみましょう。

例 **택시를 타고 가요.** タクシーに乗って行きましょう。
⇒ **택시를 타고 갈까요?** タクシーに乗って行きましょうか?

① 팥빙수 먹어요. かき氷、食べましょう。

② 찜질방에 가 봐요. 韓国式健康ランドに行ってみましょう。

③ 표 사요. 切符、買いましょう。

④ 여기 앉아요. ここに座りましょう。

⑤ 커피라도 마셔요. コーヒーでも飲みましょう。

3 ①〜⑤の文を例のように変化させて言ってみましょう。

> 例　세이코 씨도 같이 가요. 聖子さんも一緒に行きます。
> ⇒ 세이코 씨도 같이 갈 거예요.
> 　聖子さんも一緒に行くと思いますよ。

① 그 김치는 맛있어요. そのキムチはおいしいです。

② 그 영화는 재미없어요. その映画は面白くありません。

③ 유진 씨는 나중에 와요. ユジンさんは後で来ます。

④ 사람들이 좋아해요. みんなが喜びます。

⑤ 딸기는 지금 비싸요. イチゴは今、高いです。

4 3の①〜⑤の文を例のように変化させて対話してみましょう。

> 例　세이코 씨도 같이 가요. 聖子さんも一緒に行きます。
> ⇒ 세이코 씨도 같이 갈까요? 聖子さんも一緒に行くでしょうか?

21日目 [CD35]

相手に何かを約束する表現や、相手に何かを勧める場合に、条件を言い表す表現を学習します。

세이코 그런데 그 사람 안 바쁠까요?
でも　　その人、　　忙しくないのかしら？

유진 요즘 방학이니까 시간은 많을 거예요.
いま　休み中だから、　時間は　たっぷりあるはずです。

세이코 그래도 미안하잖아요.
それでも、　申し訳ないじゃない。

유진 그 사람 이런 거 좋아하니까 괜찮아요.
彼、　こういうこと　好きだから、　大丈夫ですよ。

이게 친구 연락처예요.
これが　彼の　連絡先です。

서울에 가시면 전화해 보세요.
ソウルに　行かれたら　電話してみてください。

세이코 네. 그럼 그렇게 할게요. 고마워요.
ええ。　じゃ、　そうするわ。　ありがとう。

語句

그런데 ところで　　사람 人　　바쁘다 忙しい　　요즘 最近、このごろ

방학 〈放學〉(学校の)長期休暇　　~이다 ~である

-니까 -だから ☞文法4　　시간 〈時間〉時間　　많다 多い、たくさんある

그래도 それでも　　미안하다 〈未安--〉申し訳ない

-잖아요 -じゃないですか ☞文法1　　이런 こういう~、こんな~

괜찮다 大丈夫だ、構わない　　이게 ← 이것이の縮約形

연락처 [열-]〈連絡處〉連絡先　　-면 -したら ☞文法3

전화하다 〈電話--〉電話する　　그렇게 そのように、そう

-ㄹ게요 -しますね ☞文法2　　고마워요 ありがとう

関連語彙 接続詞※

그리고 そして(並べ立てて)　　그래서 それで、そのため(直前の事柄の影響で)

그러니까 だから(直前の事柄を主張の根拠として)　　그래도 それでも

그런데 ところで(閑話休題)、ところが(予想外に)　　그렇지만 けれども(事実はそうだが)

그러면 それでは　　그럼 じゃあ　　그렇게 そのように、そう

※韓国語文法では一般に副詞とされています。

♣ 文 法 ♣

1 強く同意を求める表現　-잖아요　-じゃないですか

確信を持って相手に同意を求める表現です。語尾接続のタイプは「単純型」。過去の「았/었/였」に付けることもできます。

이거 재미있잖아요. 〈←재미있다〉
これ、面白いじゃないですか。

사람들이 기다리잖아요. 〈←기다리다〉
みんなが待ってるじゃないですか。

약속 시간에 늦었잖아요. 〈←늦었다〉
約束の時間に遅れたじゃないですか。

2 約束表現　-(으)ㄹ게요　-(し)ますね、-(し)ますから

相手に対して自分の行動を宣言したり約束したりする表現です。語尾接続のタイプは「パッチム有無型」、語幹末のㄹパッチムは脱落します。疑問文としては用いられません。

나중에 먹을게요. 〈←먹다〉
後で食べますから。

금방 갈게요. 〈←가다〉
すぐ行きますね。

반찬 하나 더 만들게요. 〈←만들다〉
おかずもう1つ作りますね。

3 条件を表す語尾 －(으)면 －(す)れば、－(し)たら

日本語の「れば」「たら」にあたる、条件を表す語尾です。後続部分には実際には起こっていない事柄や一般的な事実が続きます。語尾接続のタイプは「パッチム有無型」、語幹末のㄹパッチムは脱落しません。

무슨 일이 있으면 그 사람한테 연락하세요. 〈←있다〉
何かあったらその人に連絡してください。

그 사람을 만나시면 잘 전해 주세요. 〈←만나시다〉
その人に会われたらよろしく伝えてください。

다 같이 놀면 재미있을 거예요. 〈←놀다〉
みんな一緒に遊べば面白いと思いますよ。

4 根拠を表す語尾 －(으)니까 －(する)から、－(した)ので

何かを主張したり要求したりする状況で、その根拠を表現するのに使われる語尾です。後続部分には勧めや誘い、希望、約束、推量などが続きます。語尾接続のタイプは「パッチム有無型」、語幹末のㄹパッチムは脱落します。過去の「았/었/였」に付けることもできます。

맛있으니까 한번 먹어 보세요. 〈←맛있다〉
おいしいから一度食べてみてください。

비가 오니까 사람들이 별로 없을 거예요. 〈←오다〉
雨が降っているので人があまりいないと思いますよ。

거긴 잘 아니까 제가 안내해 드릴게요. 〈←알다〉
そこはよく知っていますから私がご案内しますよ。

그쪽에 연락했으니까 걱정 마세요. 〈←연락했다〉
そっちに連絡したので心配しないでください。

練習問題

[CD36]

1 ①~④の文を例のように変化させて言ってみましょう。

> 例 **지금 비가 와요.** 今、雨が降っています。
> ⇒ **지금 비가 오잖아요.** 今、雨が降ってるじゃないですか。

① **이건 너무 비싸요.** これはちょっと高すぎます。

② **여자들한테 인기가 많아요.** 女性にとても人気があります。

③ **매일 열심히 일해요.** 毎日一生懸命働いています。

④ **담배는 몸에 안 좋아요.** タバコは体に良くありません。

2 ①~④の文を例のように変化させて言ってみましょう。

> 例 **좀 이따 가요.** ちょっとしてから行きます。
> ⇒ **좀 이따 갈게요.** ちょっとしてから行きますね。

① **화장실 좀 써요.** トイレちょっと使います。〈쓰다〉

② **약속은 꼭 지켜요.** 約束はきっと守ります。〈지키다〉

③ **사진 찍어요.** 写真撮ります。〈찍다〉

④ **둘이서 잘 살아요.** 2人で幸せに暮します。〈살다〉

3 ①~④の2つの文を、例のように1つの文にして言ってみましょう。

> 例 a.**도쿄에 오세요.** 東京に来られます。
> b.**전화 주세요.** 電話ください。
> ⇒ **도쿄에 오시면 전화 주세요.** 東京に来られたら電話ください。

① a.졸업해요. 卒業します。

　b.혼자 살 거예요. 1人で暮らすつもりです。

② a.시간이 나요. 時間ができます。

　b.놀러 갈게요. 遊びに行きますね。

③ a.일이 끝나요. 仕事が終わります。

　b.전화할게요. 電話しますね。

④ a.관심이 있으세요. 関心がおありです。

　b.이 책을 읽어 보세요. この本を読んでみてください。

4 ①～④の2つの文を、例のように1つの文にして言ってみましょう。

> 例 a.시간이 없어요. 時間がありません。
> 　b.택시로 가세요. タクシーで行ってください。
> ⇒ 시간이 없으니까 택시로 가세요.
> 　時間がないのでタクシーで行ってください。

① a.오늘은 일이 있어요. 今日は用事があります。

　b.다음에 가요. この次に行きましょう。

② a.내일은 시간이 많아요. 明日は時間がたっぷりあります。

　b.놀러 갈게요. 遊びに行きますね。

③ a.그 집이 유명해요. そのお店が有名です。

　b.한번 가 보세요. 一度行ってみてください。

④ a.지금은 돈이 없어요. 今はお金がありません。

　b.나중에 드릴게요. 後でお渡ししますから。

준호 안녕하세요? 세이코 씨죠?
はじめまして。　　聖子さんですね?

저, 정준호예요. 만나서 반갑습니다.
僕、チョン・チュノです。お会いできて嬉しいです。

세이코 아, 준호 씨세요? 안녕하세요? 유진 씨한테
ああ、チュノさんですか。こんにちは。ユジンさんから

얘기 많이 들었어요. 여기까지 나와 주셔서
いろいろお話聞いています。ここまで　出て来てくださって、

고맙습니다.
ありがとうございます。

준호 서울에는 처음 오셨어요?
ソウルには　初めて　いらっしゃったんですか?

세이코 아뇨, 몇 년 전에 한 번 왔어요.
いえ、何年か前に　一度　来ましたよ。

준호 그럼 그때 구경 많이 하셨어요?
じゃあ、そのとき　いろいろ観光されましたか?

세이코 그때는 시간이 없어서 별로 못 봤어요.
そのときは　時間が　なかったので、あまり　見られなかったんです。

語句

-죠? -でしょ?、-ですね? ☞文法1　　정준호 〈鄭俊浩〉 チョン・チュノ

만나다 会う　　-아서 -して ☞文法4　　얘기 話

듣다 [ㄷ変則] 聞く ☞文法2　　여기 ここ　　나오다 出て来る

-어서 -して ☞文法4　　고맙습니다 ありがとうございます

몇 년 [면년] 何年か　　전 〈前〉前　　한～ 1～

～번 〈番〉～回、～度　　그때 そのとき　　못 できない ☞文法3

コラム　疑問詞の疑問用法と不定用法

疑問用法とは「何を食べる?」の「何」、不定用法とは「何か食べる?」の「何か」のような用法を言います。P.55 に挙げた韓国語の疑問に関する語にはいずれも疑問用法と不定用法があります。

몇 년 전에 왔어요?　　何年前に来ましたか?

몇 년 전에 왔어요.　　何年か前に来ました。

♣ 文 法 ♣

1 確認の語尾 　-죠　 -でしょう?、-ですかね?、-ですよ、-ましょうよ

相手に「~でしょう?」と確認したり、「(もちろん)~ですよ」と自信ありげに言ったりするときに使われる表現です。勧めや誘いにも使われます。語尾接続のタイプは「単純型」です。

이거 세이코 씨 거죠? 　　　　　　〈←거다（것이다の縮約形）〉
これ聖子さんのでしょ?

우리 저번에 한번 만났죠. 　　　　〈←만났다〉
私たちこの前一度会いましたよね。

그럼 그렇게 하죠. 　　　　　　　〈←하다〉
じゃあそうしましょう。

2 ㄷ変則用言

語幹末にㄷパッチムのある用言には用言接続の際にㄷがㄹに変化するものがありますが、これをㄷ変則用言といいます。ㄷ変則用言は「パッチム有無型」や「陰陽型」の語尾がつくと次のように活用します。

듣다 聞く　　듣(다)＋었어요 ⇒ 들었어요 聞きました

　　　　　　듣(다)＋으면　 ⇒ 들으면 聞けば

❗ 主なㄷ変則用言は次のとおりです。

듣다 聞く　　걷다 歩く　　묻다 尋ねる

3 不可能の副詞 못 〜　〜できない

12日目で動詞の前に副詞「안」を入れる否定表現を学習しましたが、この「안」の変わりに「못」を入れると不可能を表すことができます。「名詞＋하다」の場合は「하다」の直前に「못」を入れます。

먹어요 食べます ⇒ 못 먹어요 食べられません

가죠 行きますよね ⇒ 못 가죠 行けませんよね

공부했잖아요 勉強したじゃありませんか
　　　⇒ 공부 못 했잖아요 勉強できなかったじゃありませんか

4 原因・理由を表す語尾 -아/어/여서　-(し)て、-(し)たので

「Aが原因・理由でBという結果になった」という状況で使われる表現です。Bの部分には普通、既に起こった（起きつつある）事柄や感情がきます。語尾接続のタイプは「陰陽型」です。

어제 늦게까지 일해서 너무 힘들어요.　〈←일하다〉
昨日遅くまで仕事したので、すごくしんどいです。

술을 너무 많이 마셔서 머리가 아파요.　〈←마시다〉
お酒を飲みすぎて頭が痛いです。

돈이 없어서 못 샀어요.　　　　　　〈←없다〉
お金がなくて買えませんでした。

「-아/어/여서」は過去の補助語幹「-았/었/였-」に付けることができませんが、文末が過去であれば「-아/어/여서」が表す原因の発生時点も自ずと過去になります。

練習問題

[CD38]

1 ①〜⑤の文を、それぞれ例のように、問いと答えの形で言ってみましょう。

> 例 오늘은 따뜻해요. 今日は暖かいです。
> ⇒ a : 오늘은 따뜻하죠? 今日は暖かいでしょう?
>   b : 네, 따뜻해요. ええ、暖かいです。

① 그 책 재미있어요. その本面白いです。

② 공부 많이 했어요. 勉強ずいぶんしました。

③ 청소는 매일 해요. 掃除は毎日します。

④ 그 사람 잘 알아요. その人のことよく知っています。

⑤ 우리 어디서 만났어요. 私たちどこかで会いました。

2 ①〜⑤の文を例のように変化をさせて言ってみましょう。

> 例 해요? しますか? ⇒ 못 해요. できません。

① 가요? 行きますか?

② 와요? 来ますか?

③ 먹어요? 食べますか?

④ 했어요? しましたか?

⑤ 찾았어요? 見つけましたか?

3 例にならい①～⑤の2つの文を、例のようにつないでみましょう。

> 例 a. 늦잠을 잤어요. 寝坊をしました。
> b. 그래서 지각했어요. それで遅刻しました。
> ⇒ 늦잠을 자서 지각했어요. 寝坊をして遅刻しました。

① a. 날씨가 좋아요. 天気がいいです。
b. 그래서 빨래가 잘 말라요. それで、洗濯物がよく乾きます。

② a. 그 분이 도와주셨어요. その方が助けてくださいました。
b. 그래서 잘 해결됐어요. それで、うまく解決しました。

③ a. 배가 고파요. お腹が空いています。
b. 그래서 집중이 안 돼요. それで集中できません。

④ a. 일주일 동안 청소를 못 했어요.
1週間掃除ができませんでした。
b. 그래서 방이 좀 지저분해요. それで部屋がちょっと汚いです。

⑤ a. 얼마 전에 남자 친구하고 헤어졌어요.
このあいだ彼氏と別れました。
b. 그래서 지금은 혼자예요. それで今は1人です。

준호 내일은 노는 날이니까 제가 시내를 안내해 드릴게요.
明日は 休みなので、 僕が 市内を ご案内しますよ。

세이코 정말 괜찮겠어요?
本当に いいんですか?

준호 저 이런 거 좋아하거든요.
僕、 こういうこと 好きなんです。

자, 그럼 내일은 어디 가고 싶으세요?
さあ、 じゃあ 明日は どちらへ 行かれたいですか?

세이코 먼저 박물관에 가고 싶어요.
まず 博物館に 行きたいです。

저번에는 못 갔거든요.
この間は いけなかったので。

그리고 동대문시장에서 쇼핑도 하고 싶구요,
それから、 東大門市場で 買い物も したいし、

맛있는 것도 먹고 싶어요.
おいしいものも 食べたいですね。

준호 알았어요. 그럼 내일 9시에 호텔 로비에서 기다리겠습니다.
分かりました。 じゃあ 明日 9時に ホテルのロビーで お待ちしています。

語句

내일 〈來日〉明日　　노는 날 休み　　놀다 遊ぶ　　-는 ☞文法1　　날 日
안내하다 〈案內--〉案内する　　-거든요 -んですよ ☞文法2　　자 さあ
-고 싶다 -(し)たい ☞文法3　　먼저 まず　　박물관 〈博物館〉博物館
저번 この間　　동대문시장 〈東大門市場〉東大門市場　　알다 分かる
호텔 ホテル　　로비 ロビー　　기다리다 待つ
-겠습니다 -いたします ☞文法4

コラム　用言の種類

これまでの学習で動詞と形容詞を区別することはなかったのですが、今日学習する連体形を作る際にはこれらを区別する必要があります。韓国語の用言の種類とその区別の仕方は次の通りです。

　動　詞：ほぼ日本語の動詞にあたる

　存在詞：「있다」「없다」で終わる用言

　形容詞：ほぼ日本語の形容詞・形容動詞にあたる

　指定詞：「〜이다」と「아니다」

日本語では「ある」「違う」は動詞、「ない」「おいしい」は形容詞ですが、韓国語では品詞が異なっています☞文法1。これ以外にも、時おり日本語とは品詞区分の異なる用言が出てくる場合があるので注意が必要です。

♣ 文 法 ♣

1. 動詞・存在詞の現在連体形語尾　−는

韓国語では動詞で名詞を修飾する場合、語幹に「−는」という語尾を付けて連体形を作ります。また、「있다(ある)」「없다(ない)」や「맛있다(美味しい)」「재미없다(面白くない)」など「있다」「없다」で終わる用言をひっくるめて存在詞といいますが、これらも同様に「−는」という語尾で連体形を作ります。語尾接続のタイプは「単純型」ですが、語幹末のパッチムが「ㄹ」である場合は「ㄹ」が脱落します。

오늘은 학교 가는 날이 아니에요.　〈←가다〉
今日学校に行く日じゃありません。

적게 먹는 것이 건강 비결이에요.　〈←먹다〉
少なく食べることが健康の秘訣です。

잘 노는 아이가 잘 커요.　〈←놀다〉
よく遊ぶ子どもがよく育ちます。

2. 説明の語尾　−거든요　−んですよ、−んですよね

ある事柄を言った後にその理由や事情を説明する場合や、何か言い始める前にその背景を説明したりする場合に使われる語尾です。語尾接続のタイプは「単純型」です。

한국에서 친구가 오거든요. 그래서 부탁이 좀 있어요.
韓国から友達が来るんですよね。それでお願いがあるんです。

리포트를 못 썼어요. 지난주에는 너무 바빴거든요.
レポートを書けませんでした。先週はすごく忙しかったんですよ。

3 希望表現 －고 싶다 －(し)たい

自分自身のしたいことを表現します。語尾接続のタイプは「単純型」です。尊敬の意味を加えるには「싶다」を「싶으시다」とします。

한번 만나고 싶어요. 〈←만나다〉
一度会いたいです。

한복을 입어 보고 싶으세요? 〈←입어 보다〉
韓服を着てご覧になりたいですか?

이유를 알고 싶었거든요. 〈←알다〉
理由を知りたかったんですよね。

4 かしこまった意志表現 －겠습니다 －いたします

「-겠-」は意志や推察を表す補助語幹です。控えめなニュアンスを伴うため、かしこまった丁寧語尾「-습니다」(詳細は30日目)とよく似合います。話し手の能動的動作に付いて意志を表し、あいさつ言葉などとしてもよく用いられます。語尾接続のタイプは「単純型」。これよりざっくばらんな意志表現が「-(으)ㄹ게요」です。

잘 먹겠습니다. いただきます。

먼저 실례하겠습니다. お先に失礼いたします。

疑問文として相手の意志を問う場合は「-(으)시겠어요?」のように尊敬の補助語幹「-(으)시-」を伴うのが自然です。

어디서 기다리시겠어요? どこでお待ちになりますか?

練習問題

[CD40]

1 ①～⑥の言葉を使って例のように言ってみましょう。

例　놀아요. 休みます。 / 날 日 ⇒ 노는 날 休む日、休みの日

① 비가 와요. 雨が降ります。 / 날 日

② 제일 좋아해요. 一番好きです。 / 음식 食べもの

③ 재미있어요. 面白いです。 / 드라마 ドラマ

④ 잘 알아요. よく知っています。 / 사람 人

⑤ 갈아타요. 乗り換えます。 / 곳 所

⑥ 도움이 돼요. 役に立ちます。 / 정보 情報

2 ①～⑥の文を例のように変化させて言ってみましょう。

例　같이 놀러 가요. 一緒に遊びに行きます。
⇒ 같이 놀러 가고 싶어요. 一緒に遊びに行きたいです。

① 재미있는 영화를 봐요. 面白い映画を見ます。

② 도움이 되는 책을 읽어요. 役に立つ本を読みます。

③ 맛있는 커피를 마셔요. おいしいコーヒーを飲みます。

④ 예쁜 드레스를 입어요. きれいなドレスを着ます。

⑤ 인기 있는 노래를 배워요. 人気のある歌を覚えます。

⑥ 싫어하는 이유를 알아요. 嫌いな理由を知ります。

3 ①～③の文を例のように変化させて言ってみましょう。

例 **늦어서 미안해요. 갑자기 손님이 왔어요.**
遅れてごめんなさい。急にお客さんが来ました。

⇒ **늦어서 미안해요. 갑자기 손님이 왔거든요.**
遅れてごめんなさい。急にお客さんが来たんですよ。

① **내일은 못 가요. 회사 일이 바빠요.**
明日は行けません。会社の仕事が忙しいです。

② **백화점에 가요. 선물을 사고 싶어요.**
百貨店に行きましょう。プレゼントを買いたいです。

③ **지금 배가 안 고파요. 아까 빵을 먹었어요.**
今お腹が空いていません。さっきパンを食べました。

4 ①～⑥の文を例のように変化をさせて言ってみましょう。

例 **내일 또 올게요.** 明日また来ますね。

⇒ **내일 또 오겠습니다.** 明日また参ります。

① **지금 바로 갈게요.** 今すぐ行きますね。

② **약속은 꼭 지킬게요.** 約束は必ず守りますね。

③ **자, 사진 찍을게요.** さあ、写真撮りますね。

④ **둘이서 잘 살게요.** 2人で幸せに暮しますね。

⑤ **앞으로 열심히 할게요.** 今後一生懸命やりますね。

⑥ **지금부터 문제를 읽을게요.** これから問題を読みますね。

1　-(으)ㄹ 거예요と-겠습니다、-겠어요

「**-(으)ㄹ 거예요**」(19日目と20日目で学習)、「**-겠습니다**」または「**-겠어요**」(19日目と23日目で学習)は、いずれも意志や推量を表しますが、両者にどういう違いがあるのか整理してみましょう。

まず、共通しているのは「**-(으)ㄹ 거예요**」も「**-겠습니다、-겠어요**」も、話し手の意図的動作に付いた場合は「意志」を表し、それ以外は「推量」を表すという点です。

a) **내일 또 올 거예요.** 　　明日また来ようと思っています。〈意志〉
b) **내일 또 오겠습니다.** 　　明日また参ります。〈意志〉
c) **그 김치 맛있을 거예요.** 　そのキムチおいしいと思いますよ。〈推量〉
d) **그 김치 참 맛있겠어요.** 　そのキムチ本当においしそうですね。〈推量〉

両者の根本的な違いは、「**-(으)ㄹ 거예요**」が、話し手が自らの考えに基づいて意志を表明したり推測したりする表現であるのに対し、「**-겠습니다、-겠어요**」は話し手が判断するまでもなく、今後の行動を「(起こすべくして)起こしますよ」と予告したり、「見るからにそうなりそうだ」と推測する表現であるという点です。

例えば「**맛있을 거예요.**」というのは、「料理人の腕が良いから」とか「材料が確かだから」というように、話し手が何らかの情報に基づいて自分なりの判断を下した表現であり、「**맛있겠어요.**」は目の前にある料理を見て思わず発したような表現です。意志を表す場合にも「**내일 또 올 거예요.**」は、明日また来るつもりであるということであり、「**내일 또 오겠습니다.**」は、明日また来ることになっている人が、去り際にあいさつとして述べる場合などに使われる表現です。ですから、先々の予定を言い表す場合などには「**-겠습니다**」ではなく「**-(으)ㄹ 거예요**」が使われます。

このように「-겠-」は、意志や推量を表すとはいえ、話し手の直接的な生の考えを反映しているわけではないため、「控えめな表現」「婉曲さ」とも結びつきます。「**처음 뵙겠습니다**(初めてお目にかかります)」「**잘 알겠습니다**（承知いたしました）」のような意志や推量とは関係のない表現に「-겠-」が用いられますが、これらは「-겠-」の持つ控えめで婉曲なニュアンスの表れだと言えます。

意志を表す類似の表現には、このほか「-(으)ㄹ게요」（21日目で学習）があります。これは形の上では「-(으)ㄹ 거예요」に似ていますが、聞き手に対して約束したり予告したりする場合に使われることから、機能的には「-겠습니다」と似ています。「**또 오겠습니다**」に比べ、「**또 올게요**」の方がざっくばらんな表現です。

なお、天気予報では「**내일은 비가 오겠습니다**(明日は雨が降るでしょう)」といった表現がよく使われますが、これは気象予報士が個人的に判断して発表しているのではないことの表れだと言えます。同じように天気について予想するにしても、「夕焼けが赤いから」「月に雲がかかっているから」といったことを根拠に個人的に予想する場合には「**내일은 비가 올 거예요**(明日は雨が降ると思いますよ)」と表現します。

② -(으)니까と-아/어/여서

いずれも理由を表しますが、21日目の文法4と22日目の文法4を読み比べると、後続部分に違いがあることが分かるでしょう。「-(으)니까」の後には勧めや誘い、約束、推量など、<u>まだ起こっていない事柄が続き</u>、「-아/어/여서」の後には既に起こっている事柄が続きます。「-(으)니까」は主張や要求の「根拠」を表し、「-아/어/여서」が既に起こった事柄の「原因」を表すため、このように使われる文のタイプに違いが現れるのです。

e) **비가 많이 오니까 시합이 중지될 거예요.**
   雨がたくさん降っているので試合は中止されるでしょう。

f) **비가 많이 와서 시합이 중지됐어요.**
   雨がたくさん降って(≒降ったので)試合が中止されました。

とはいえ、「-(으)니까」を「았/었/였」に付けて過去の事実を理由として表現することもできます。しかしその場合、「AのためにBという事実が起こった(ことを主張する)」「BとなったのはAのせいだ(と自分は判断する)」というように、その因果関係に主観的判断が込められます。

g) 버스가 늦었으니까 약속시간에 늦었어요.
　　バスが遅れたから、待ち合わせに遅れたんです。

h) 버스가 늦어서 약속시간에 늦었어요.
　　バスが遅れて(≒遅れたので)、待ち合わせに遅れました。

ですからhの場合は淡々と事実を述べているように感じられるのに対し、gは遅れた原因をバスのせいにし、責任回避をしようとしているように聞こえてしまうのです。

一方、他人に指図したり誘ったりする場合には、その根拠を示すほうがむしろ自然なので、主張や要求を表す文では「-(으)니까」を用いるのが適当なのです。
あまり我を出さずに理由を述べたい場合や、話し手の感情の原因を言い表す場合には、「-아/어/여서」が最適となります。

i) 시간이 없으니까 빨리 하세요.　時間がないので早くしてください。

j) 시간이 없어서 다 못 했어요.　時間がなくて全部できませんでした。

k) 늦어서 죄송합니다.　遅れて申し訳ありません。

3 「-고」と「-아/어/여서」

意味のよく似た語尾といえば、いずれも「-(し)て」と訳せることから「-고」と「-아/어/여서」も似ていますね。

l) 월요일에는 영어 공부를 하고 화요일에는 한국어 공부를 했어요.
月曜日は英語の勉強をして(=したし)、火曜日には韓国語の勉強をしました。

m) 공부를 열심히 해서 영어 시험은 잘 봤어요.
勉強を一生懸命して(=したので)、英語の試験はバッチリでした。

上の2つの例から、「A-고 B」はAとBを並列的につなぐ一方、「A-아/어/여서 B」の場合はAが原因でBという結果になったというつなぎ方であることが分かります。ところが、このような説明が当てはまらない場合もあります。

n) 식사를 빨리 끝내고 외출 준비를 하세요/했어요.
食事を早く終えて、外出の準備をなさい/しました。

o) 일찍 일어나서 운동을 하세요/했어요.
早く起きて、運動をなさい/しました。

上の例では「A-고 B」「A-아/어/여서 B」の両者とも、「Aという動作の後Bという動作をする」という文となっており、両者の間に違いが感じられません。この場合、違いはAにくる動詞の種類にあります。「끝내다」は他動詞、「일어나다」は自動詞です。「動作Aの後、動作Bをする」というように順番を表す文では、Aが他動詞であれば「-고」を、自動詞であれば「-아/어/여서」を使う傾向にあります。ただ、これは決定的な基準とはならないので、使用例を地道に覚えていくなどの方法が必要です。

준호 오늘은 친구를 데리고 왔어요.

미래 안녕하세요?

세이코 안녕하세요? 전 다케다 세이코예요.

이름이 어떻게 되세요?

미래 박, 미, 래, 박미래예요.

세이코 박? 방? …? 여기 좀 적어 주시겠어요?

미래 예. 펜 있으세요?

세이코 네, 여기요. …아, 박, 미, 래 씨.

미래 씨라는 이름 참 예쁘네요.

미래 어머, 그래요? 고맙습니다.

チュノ：	今日は友達を連れて来ましたよ。
ミ レ：	はじめまして。
聖 子：	はじめまして。私、竹田聖子です。
	お名前は？
ミ レ：	パク、ミレ、パク・ミレです。
聖 子：	パク？パン？…？　ここにちょっと書いていただけますか。
ミ レ：	はい。ペンありますか？
聖 子：	はい、これ。…ああ、パク・ミレさん。
	ミレさんていう名前、とってもすてきね。
ミ レ：	あら、そうですか？　ありがとうございます。

語句

오늘 今日　　데리다 連れる　　이름 名前　　되다 なる

박미래 〈朴美來〉[방-] パク・ミレ　　적다 書く、記入する

-어 주시겠어요? -(し)てくださいますか？ ☞文法2　　펜 ペン

〜라는 〜という ☞文法3　　예쁘다 すてきだ、かわいい

-네요 -ですね ☞文法3

♣ 文法 ♣

1 丁寧に相手のことを尋ねる表現　～이/가 어떻게 되세요?

直訳すると「～がどのようにおなりですか」となりますが、初対面の人や目上の人に対して相手のことを尋ねる場合、ぶしつけな感じがしないよう、このように間接的な表現を使います。「이름(名前)」「나이(歳)」を「성함(お名前)」「연세(お歳)」に入れ替えればさらに丁寧になります。

나이가 어떻게 되세요?　歳はおいくつですか?

가족이 어떻게 되세요?　ご家族は?

성함이 어떻게 되세요?　お名前は何とおっしゃいますか?

2 依頼表現　-아/어/여 주세요　-(し)てください
　　　　　　　-아/어/여 주시겠어요?　-(し)てくださいますか?

相手に何かを頼む場合に使われる表現です。単刀直入に頼む場合は「-아/어/여 주세요(-てください)」を、相手に気を使って丁寧に頼む場合は「-아/어/여 주시겠어요?(-てくださいますか?)」を、というように使い分けるといいでしょう。また、日本語でも相手に何か頼む場合は「ちょっと～してもらえませんか」のように「ちょっと」という副詞がよく使われますが、韓国語でも依頼表現には「좀」がよく使われます。

(은행에서)이거 좀 원으로 바꿔 주세요. 〈←바꾸다〉
(銀行で) これ、ちょっとウォンに換えてください。

죄송하지만 이쪽으로 와 주시겠어요? 〈←오다〉
申し訳ありませんが、こちらに来てくださいますか?

! 日本語では相手に何かを勧めたり指示したりする場合にも「～してください」と言いますが、韓国語では「相手に依頼する」のではない場合は「-(으)세요」を使います。

시간이 없으니까 빨리 오세요.
時間がないので、早く来てください。

3 名前を明示する表現　～(이)라는 ○○　～という○○

人名、題名、専門用語など、その名前自体に注目させる表現です。末尾にパッチムのある名前につく場合は「이」が入ります。

우리 집 근처에 '아리랑'이라는 한국 식당이 있어요.
うちの近所にアリランという韓国食堂があります。

"괴물"이라는 영화 봤어요?
『怪物』という映画、見ましたか？

4 軽い感嘆の語尾　-네요　-(し)ますね、-ですね

はっと気づいて思わず口にするような感嘆表現です。語尾接続のタイプは「単純型」ですが、語幹末がㄹパッチムの場合はㄹパッチムが脱落します。過去の補助語幹「았/었/였」や推量の補助語幹「겠」に付けることもできます。

김치가 맛있네요. 〈←맛있다〉 キムチがおいしいですね。

머리가 기네요. 〈←길다〉 髪が長いですね。

빨리 도착했네요. 〈←도착했다〉 早く着きましたね。

이 프로 재미있겠네요. 〈←재미있겠다〉
この番組、面白そうですね。

練習問題

[CD42]

1 ①〜⑤の言葉を使って例のように言ってみましょう。

> 例 창문 窓 / 닫다 閉める
> ⇒ A : 창문 좀 닫아 주시겠어요? 窓を閉めてくださいますか？
> 　　B : 네, 닫아 드릴게요. はい、お閉めしますね。

① 문 ドア / 열다 開ける

② 불 電気 / 켜다 点ける

③ 전원 電源 / 끄다 消す

④ 사진 写真 / 보이다 見せる

⑤ 시간 時間 / 알아보다 調べる

2 ①〜⑤の文を例のように変化させて言ってみましょう。

> 例 "괴물" 보셨어요? 〈영화〉
> 『怪物』、ご覧になりましたか？〈映画〉
> ⇒ "괴물"이라는 영화 보셨어요?
> 　『怪物』という映画、ご覧になりましたか？

① 김건모 아세요? 〈가수〉 キム・ゴンモ、ご存じですか？〈歌手〉

② 차태현을 좋아해요. 〈배우〉 チャ・テヒョンが好きです。〈俳優〉

③ '텔미'가 유행했어요. 〈노래〉 「テルミー」がはやっていました。〈歌〉

④ 환웅이 하늘에서 내려왔어요. 〈신〉
　　　　　　　　　　桓雄が空から降りてきました。〈神〉

⑤ 14세기에 세종이 있었어요. 〈왕〉
　　　　　　　　　　14世紀に世宗がいました。〈王〉

3 ①~⑤の文を例のように変化させて言ってみましょう。

例 **이름이 예뻐요.** 名前がすてきです。
⇒ **이름이 예쁘네요.** 名前がすてきですね。

① **이 드라마 재미있어요.** このドラマ面白いです。

② **시간이 없어요.** 時間がありません。

③ **모자가 잘 어울려요.** 帽子がよく合います。

④ **한국말 잘하세요.** 韓国語、お上手です。

⑤ **공부 많이 하셨어요.** ずいぶん勉強されました。

コラム 「~이/가」と「~은/는」

「**~이/가**」は普通、日本語の「~が」にあたりますが、「**이름이 어떻게 되세요?**（お名前は何ですか）」のように「**~이/가**」が「~は」にあたる場合があります。最も典型的なケースは「~は〈何・誰・いつ・どこ・どんなもの…〉ですか」のように疑問詞が使われる疑問文です。

　　이름이 뭐예요?　　名前は何ですか?

　　저 사람이 누구예요?　　あの人は誰ですか?

　　생일이 언제예요?　　誕生日はいつですか?

これらの「**~이/가**」を「**~은/는**」に入れ替えることもできますが、それは「（他のことはさておき）名前は?」とか「（この人のことは分かったが）あの人は」のように主語を取り立てて言う場合に限られます。

세이코 이거 예쁘네요. 아줌마, 이거 얼마예요?

아줌마 삼만 원이요.

미래 어머, 비싸네요. 아줌마, 좀 싸게 해 주세요.

아줌마 그럼 이만 팔천 원만 주세요.

세이코 아줌마, 두 개 살 테니까 두 개 오만 원에 주세요.

아줌마 안 돼요. 그럼 두 개 오만이천 원에 가져가세요.

세이코 네. 아줌마, 여기요.

아줌마 감사합니다. 예쁘게 하세요.

聖　　子： これすてきですね。すみません、これいくらですか？
女性店主： 3万ウォン。
ミ　　レ： あら、高いわね。ねえ、ちょっと安くしてくださいよ。
女性店主： じゃあ2万8,000ウォンでいいわ。
聖　　子： おばさん、2個買うから、2個で5万ウォンにしてくださいよ。
女性店主： だめだめ。じゃあ、2個で5万2,000 ウォン。
聖　　子： 分かりました。じゃあこれ。
女性店主： ありがとう。お客さん、かわいくつけてね。

語句

아줌마 おばさん　　**얼마** いくら　　**비싸다** (値段が)高い　　**싸다** 安い

-게 -く、-ように ☞文法1　　**〜만** 〜だけ ☞文法3　　**사다** 買う

-ㄹ 테니까 -(する)から ☞文法2　　**〜에** 〜で ☞文法4

안 되다 ダメだ　　**가져가다** 持って行く

♣ 文 法 ♣

1 副詞化の語尾　–게　–に、–く、(する)ように

状態を表す用言の語幹につけると「そのような状態で」、動作・作用を表す用言の語幹につけると「そうするように」といった意味になります。語尾接続のタイプは「単純型」。

맛있게 드세요. 〈←맛있다〉
おいしく召し上がれ。

귀국하게 됐어요. 〈←귀국하다〉
帰国することになりました。

2 根拠を表す表現　–(으)ㄹ 테니까　–(する)つもりだから、–(する)と思うので

意志または推測を表す「–(으)ㄹ 거예요(–するつもりです、–だろうと思います)」と、根拠を表す「–(으)니까(–だから)」が組み合わさったような表現です。後続部分には主として指示や誘いが来ます。語尾接続のタイプは「パッチム有無型」、語幹末の「ㄹ」は脱落します。

금방 갈 테니까 조금만 기다리세요.
すぐ行きますから、少しだけ待っててください。

애들이 먹을 테니까 남겨 두세요.
子どもたちが食べると思うので、残しておいてください。

3 限定を表す助詞 　〜만　〜だけ

日本語の助詞「〜だけ」にあたり、限定を表します。名詞の末尾にパッチムがあってもなくても形は同じです。

하나만 주세요. 1つだけください。

한 사람만 왔어요. 1人だけ来ました。

4 相当を表す助詞 　〜에　〜で

「3個で100ウォン」「100ウォンで3個」のように、物とそれに相当する金額を表す場合に使われる「で」は「에」で表します。

세 개에 만 원이었어요. 3個で1万ウォンでした。

만 원에 샀어요? 1万ウォンで買ったんですか?

練習問題

[CD44]

1 ①〜⑤の言葉を使って例のように言ってみましょう。

> 例 **아줌마** おばさん / **티셔츠** Tシャツ / ₩10,000
> A : **아줌마, 이 티셔츠 얼마예요?**
> 　　すみません、このTシャツいくらですか？
> B : **만 원이요.** 1万ウォン。

① **아저씨** おじさん / **우산** 傘 / ₩38,000

② **할머니** おばあさん / **떡** 餅 / ₩4,500

③ **저기요** あの、すみません / **빵** パン / ₩1,200

④ **아줌마** おばさん / **스웨터** セーター / ₩70,000

⑤ **아저씨** おじさん / **시디** CD / ₩23,000

2 ①〜⑤の言葉を使って例のように言ってみましょう。

> 例 **아저씨** / **두 개** 2個
> → **아저씨, 이거 두 개 주세요.** すみません、これ2個ください。

① **아줌마** おばさん / **한 개** 1個

② **할머니** おばあさん / **세 개** 3個

③ **저기요** あの、すみません / **네 개** 4個

④ **아저씨** おじさん / **다섯 개** 5個

⑤ **아줌마** おばさん / **열 개** 10個

3 ①~⑤の言葉を使って例のように言ってみましょう。

例 **아줌마** おばさん / **두 개** / ₩15,000
⇒ **아줌마, 두 개 살 테니까 만오천 원에 주세요**
ねえ、2つ買うから1万5,000ウォンでくださいよ。

① **아저씨** おじさん / **이것도** これも / ₩40,000

② **할머니** おばあさん / **세 개** 3個 / ₩12,000

③ **저기요** あのう / **다섯 개** 5個 / ₩5,000

④ **아줌마** おばさん / **저것도** これも / ₩100,000

⑤ **아저씨** おじさん / **두 장** 2枚 / ₩42,000

コラム　韓国でのショッピング 1

百貨店（백화점）やスーパー（마트）、コンビニ（편의점）などでは定価販売（정찰제）が基本ですが、市場（재래시장）や個人商店では値段交渉（흥정）が行われます。「**싸게 해 주세요**(安くしてください)」「**깎아 주세요**(まけてください)」が代表的なせりふですが、やみくもに負けろと要求するのではなく、「**세 개 살 테니까**(3個買いますから)」とか「**이거 서비스로 주시면 안 돼요?**(これサービスにくださいません?)」のように具体的な条件を示したり、「**아줌마, 예쁘시네요.**(おばさん、きれいですね)」「**아저씨, 친절하시네요.**(おじさん、親切ですね)」のように売り手の気持ちに配慮したりしながら交渉するのがミソです。

세이코 　아저씨, 저 흰색 스웨터 좀 보여 주세요.

아저씨 　이거요? 이거 예쁘죠?

세이코 　음… 근데 좀 크네요. 좀 더 작은 거 없어요?

아저씨 　이것보다 작은 건 없어요. 손님, 분홍색은 어때요? 분홍색이라면 더 작은 게 있는데.

세이코 　글쎄요… 사이즈는 좋은데 디자인이 별로 마음에 안 들어요.

聖　　　子: すみません、あの白いセーターちょっと見せてください。
男性販売員: これ？　これかわいいでしょ？
聖　　　子: うーん…でもちょっと大きいですね。もうちょっと小さいのありませんか？
男性販売員: これより小さいのはないですねぇ。お客さん、ピンクはどうです？
　　　　　　ピンクならもっと小さいのがあるんだけど。
聖　　　子: そうねぇ…サイズはいいんだけど、デザインがあんまり気に入らないわ。

語句

아저씨 おじさん　　흰색 白　　희다 白い　　-ㄴ ☞文法1

색〈色〉色　　스웨터 セーター　　보이다 見せる　　음 うーん

크다 大きい　　좀 더 もうちょっと　　작다 小さい　　-은 ☞文法1

～보다 ～より ☞文法2　　손님 お客さん　　분홍색〈粉紅色〉ピンク

～이라면 ～なら ☞文法4　　어때요? どうです?　　더 もっと

-는데 -んだけど ☞文法3　　글쎄요 (確答を避けて)そうですねぇ…

사이즈 サイズ　　-은데 -んだけど ☞文法3　　디자인 デザイン

마음에 들다 気に入る

♣ 文法 ♣

① 形容詞・指定詞の現在連体形語尾　-(으)ㄴ

23日目で動詞・存在詞の連体形語尾「-는」を学びましたが、ここでは形容詞・指定詞の連体形を学びます。語尾接続のタイプは「パッチム有無型」、語幹末のㄹパッチムは脱落します。

예쁜 스웨터를 사고 싶어요.　〈←예쁘다〉
かわいいセーターが買いたいです。

좋은 방법이 있어요.　　　　〈←좋다〉
いい方法があります。

저 머리 긴 여자 아세요?　　〈←길다〉
あの髪の長い女性、ご存じですか？

② 比較の基準を表す助詞　～보다　～より

「AよりBのほうが大きい」といった場合の「より」にあたります。名詞の末尾にパッチムがあってもなくても形は同じです。用言や副詞の直前に「더」を入れると「～の方が」というニュアンスが込められて、比較の意味が、よりはっきりします。

이것보다 저게 더 예뻐요.
これよりあれの方がかわいいです。

저번 때보다 많이 봤어요.
前回のときよりたくさん見ました。

3 留保・背景説明の語尾　-는데・-(으)ㄴ데　-なんだけど、-なのに

文を途中で止めて余韻を残したり、何か言いたいことを言うために、その背景や前提を説明する場合に使います。動詞・存在詞の語幹には「-는데」を、形容詞語幹には「-(으)ㄴ데」を付けます。そう、現在連体形の作り方と同じですね。過去の「-았/었/였-」や意志・推量の「-겠-」に付けることもできますが、その場合は動詞や形容詞の区別なく「-는데」を付けます。

준호 씨 지금 없는데요.　　　　　　　　〈←없다〉
チュノさん、今いませんけど。

비가 오는데 우산도 안 쓰고 가세요?　　〈←가다〉
雨が降るのに傘もささずに出かけるんですか?

이것도 좋은데 저게 더 마음에 들어요.　〈←좋다〉
これもいいけど、あれのほうが気に入ってます。

이 그림 제가 그렸는데 어때요?　　　　〈←그렸다〉
この絵、私が描いたんですけど、どうです?

저걸 갖고 싶은데* 너무 비싸서 못 사겠어요.　〈←갖고 싶다〉
あれが欲しいんだけど、高すぎて買えそうにありません。
※「갖고 싶다」が「欲しい」にあたり、「싶다」は形容詞扱いです。

4 限定条件の表現　～(이)라면　～なら、～といえば

「(Aはダメだけど)Bなら」というような場合や、「Aといえば」という場合に使われます。「～」に入る名詞の末尾にパッチムがあれば「이」が入ります。

밥은 없지만 빵이라면 있어요.
ご飯はないけどパンならあります。

사회라면 저한테 맡기세요.
司会なら私に任せてください。

練習問題

[CD46]

1 ①〜⑤の言葉を使って例のように言ってみましょう。

> 例　좋다 良い / 사람 人 ⇒ 좋은 사람 良い人

① 짧다 短い / 머리 髪

② 조용하다 静かだ / 방 部屋

③ 젊다 若い / 여자 女性

④ 깨끗하다 清潔だ / 타월 タオル

⑤ 힘들다 大変だ / 일 仕事

2 ①〜⑤の言葉を使って例のように言ってみましょう。

> 例　고양이 ネコ ＜ 강아지 イヌ / 좋아하다 好きだ
> ⇒ 고양이보다 강아지를 더 좋아해요.
> 　ネコよりイヌの方が好きです。

① 세이코 씨 聖子さん ＜ 미래 씨 ミレさん / 키가 크다 背が高い

② 식당 食堂 ＜ 포장마차 屋台 / 비싸다 〈値段が〉高い

③ 소고기 牛肉 ＜ 돼지고기 豚肉 / 맛있다 おいしい

④ 빨간 것 赤いの ＜ 노란 것 黄色いの / 마음에 들다 気に入る

⑤ 부산 プサン ＜ 도쿄 東京 / 위도가 높다 緯度が高い

3 ①〜③の 2 つの文を、例のようにつないでみましょう。

例 a. **식사하러 가요.** 食事しに行きます。
　 b. **같이 갈까요?** 一緒に行きましょうか?
　 ⇒ **식사하러 가는데 같이 갈까요?**
　　　食事しに行くんだけど、一緒に行きましょうか?

① a. **이거 너무 맛있어요.** これすごくおいしいです。
　 b. **음식 이름이 뭐예요?** 料理名は何ですか?

② a. **열심히 찾았어요.** 一生懸命探しました。
　 b. **안 나와요.** 出てきません。

③ a. **이름은 알아요.** 名前は知っています。
　 b. **얼굴이 생각 안 나요.** 顔が思い浮かびません。

コラム 韓国でのショッピング 2

韓国では2005年から税金控除の関係で「現金領収証」というものの発行が行われています。このため、レジ（**계산대**）での精算のたびに「**현금영수증 필요하세요?**（現金領収証、ご入用ですか?）」と聞かれますが、旅行者には不要ですので「**아니요**（いいえ）」と答えればOK。また、スーパーのレジ袋は有料（50 ウォン程度）なので「**봉투 필요하세요?**（袋、要りますか?）」と聞かれます。必要なら「**네**（はい）」と答えましょう。何も聞かれなかったら「**봉투 주세요**（袋ください）」と言って請求しなければなりません。

준호 배 고프시죠? 식사하러 갈까요?

세이코 네, 좋아요.

준호 뭐 드실래요?

세이코 음… 전 아무거나 괜찮아요.

준호 그래요? 그럼 이 근처에 비빔밥 잘하는 집이 있으니까 거기로 가죠.

〈비빔밥 전문점〉

준호 세이코 씨, 매운 거 괜찮으세요?

세이코 그럼요. 전 매운 거 잘 먹어요.

준호 그럼 이 고추장을 이렇게 넣고… 잘 비벼 드세요.

세이코 어머, 그건 너무 많아요! 그렇게 많이 넣지 마세요!

준호 보기보다 안 매워요. 드셔 보세요.

세이코 음… 생각보다 안 맵고 맛있네요.
역시 본고장의 비빔밥은 다르네요.

チュノ： お腹お空きでしょう?
　　　　食事しに行きましょうか?
聖　子： ええ、いいですね。
チュノ： なに召し上がります?
聖　子： そうねえ…。
　　　　私は何でも構いません。
チュノ： そうですか。
　　　　じゃあ、この近くにビビンバのおいしい店があるんで、
　　　　そこへ行きましょう。
　　　　〈ビビンバ専門店〉
チュノ： 聖子さん、辛いの大丈夫ですか?
聖　子： もちろん。私、辛いものよく食べますよ。
チュノ： じゃあ、このコチュジャンを、こう入れて…
　　　　よく混ぜて食べてください。
聖　子： あら、それは入れすぎだわ！　そんなにたくさん入れないでください!
チュノ： 見た目より辛くないですよ。どうぞ食べてみて。
聖　子： うん…思ったより辛くなくておいしいですね。
　　　　やっぱり本場のビビンバは違うわね。

語句

배 고프다 お腹が空く　　식사하다 〈食事—〉食事する

-ㄹ래요? -します? ☞文法1　　비빔밥 ビビンバ

잘하다 上手にする、上手だ　　집 店　　거기 そこ　　〜로 〜へ〈方向を表す〉

-죠 -ましょう　　전문점 〈専門店〉専門店　　맵다 〈ㅂ変則〉辛い ☞文法3

잘 よく　　고추장 コチュジャン、唐辛子味噌　　많이 [마니] たくさん

넣다 入れる　　비비다 混ぜる　　너무 あまりに

그러다 そうする　　-지 마세요 -ないでください ☞文法2

보기 見た目　　생각 考え　　역시 〈亦是〉やっぱり

본고장 〈本故場〉本場　　〜의 [에] 〜の ☞文法4　　다르다 違う

♣ 文法 ♣

1 意向を尋ねる語尾　-(으)ㄹ래요?　-(し)ます?

相手の意向を尋ねる表現です。語尾接続のタイプは「パッチム有無型」、ㄹパッチムは脱落します。

커피 마실래요? 〈←마시다〉　　コーヒー飲みます?

여기 앉을래요? 〈←앉다〉　　ここに座ります?

뭐 만들래요? 〈←만들다〉　　何作ります?

❗「커피 마셔요?」も「커피 마실래요?」も日本語訳は同じになってしまいますが、前者の場合、例えば「朝は必ずコーヒーを飲みますか?」のように習慣を尋ねているのに対して、後者は「コーヒー飲みます? それとも紅茶?」のように意向を尋ねているのです。

2 制止表現　-지 마세요　-(し)ないでください

文字通り、相手のしていること、しそうなことを制止する表現です。語尾接続のタイプは「単純型」。「しなくてもいいですよ」「しない方がいいですよ」といったニュアンスまでをカバーします。

지금 방에 들어오지 마세요. 〈←들어오다〉
今、部屋に入ってこないでください。

싫으면 먹지 마세요. 〈←먹다〉
嫌だったら食べなくてもいいですよ。

그런 데 가지 마세요. 〈←가다〉
そんな所、行かない方がいいですよ。

3 ㅂ変則用言

語幹末に ㅂ パッチムのある用言の中には、「입다」などとは違い、語尾接続の際に特別な変化が起こるものがあります（「반갑다」など）。これを ㅂ 変則用言といいます。ㅂ 変則用言は「パッチム有無型」や「陰陽型」の語尾がつくと次のように変化します。

맵다 辛い　　맵(다)＋어요　⇒　**매워요** 辛いです

　　　　　　　맵(다)＋으니까　⇒　**매우니까** 辛いから

! ㅂ 変則用言は形容詞に多く、主なものは次のとおりです。

맵다 辛い　　**어렵다** 難しい　　**덥다** 暑い　　**춥다** 寒い

가깝다 近い　　**고맙다** ありがたい　　**반갑다** 嬉しい

4 名詞と名詞をつなぐ助詞　**～의**　～の

日本語の場合、所有・所属・属性その他、さまざまな関係にある名詞と名詞を「の」でつなぎますが、韓国語の場合、所有・所属のような単純・明瞭・具体的な関係の場合は「의」を使わず、電話番号の「の」や、抽象的なものごと、複雑な関係をなすものごとをつなぐ場合などに限って「의」が使われます。なお、「の」の意味の「의」は[에]と発音します。

동생 시계 妹の時計

최신형 핸드폰 最新型の携帯電話

사랑의 헌혈 愛の献血

청춘의 도전 青春の挑戦

준호 씨 애인 삼촌의 차 チュノさんの恋人のおじさんの車

練習問題

[CD48]

1 ①～⑤の文を例のように変化させて言ってみましょう。

> 例 **내일은 뭐 해요?** 明日は何しますか?
> ⇒ **내일은 뭐 할래요?** 明日は何します?

① **여기서 기다려요?** ここで待ちますか?

② **수박 먹어요?** スイカ、食べますか?

③ **한복 입어 봐요?** チマチョゴリ、着てみますか?

④ **시장에 가 보세요?** 市場に行ってみられますか?

⑤ **점심은 뭐 드세요?** 昼食は何召し上がりますか?

2 ①～⑤の文を例のように変化させて言ってみましょう。

> 例 **그거 먹어요.** それ食べます。
> ⇒ **그거 먹지 마세요.** それ食べないでください。

① **여기서 담배 피워요.** ここでタバコ吸います。

② **다른 사람들한테 얘기해요.** 他の人たちに言います。

③ **걱정해요.** 心配します。

④ **신경 써요.** 気を使います。

⑤ **그 사람 말 들어요.**※ その人の言うことを聞きます。

※ ㄷ変則用言です。(P.114参照)

3 ①〜⑥の文を例のように変化させて言ってみましょう。

> 例 **맵다** 辛い ⇒ **매워요** 辛いです

① **어렵다** 難しい

② **덥다** 暑い

③ **춥다** 寒い

④ **가깝다** 近い

⑤ **고맙다** ありがたい

⑥ **반갑다** 嬉しい

4 ①〜⑥の文を例のように変化させて言ってみましょう。

> 例 **맵다** 辛い ＋ **음식** 食べ物 ⇒ **매운 음식** 辛い食べ物

① **어렵다** 難しい ＋ **문제** 問題

② **덥다** 暑い ＋ **날** 日

③ **춥다** 寒い ＋ **방** 部屋

④ **가깝다** 近い ＋ **곳** 所

⑤ **뜨겁다** 熱い ＋ **국물** 汁

⑥ **무겁다** 重い ＋ **짐** 荷物

세이코 이제 저 가야 돼요.

미래 섭섭하네요.

세이코 준호 씨, 미래 씨, 덕분에 정말 즐거웠어요.

준호 우리도 세이코 씨하고 친구가 돼서 참 기뻐요.

세이코 참, 이메일 주소 좀 주세요. 같이 찍은 사진 보낼게요.

미래 한글로 메일 할 수 있으세요?

세이코 할 수 있을 거예요.

잘 안 되면 유진 씨한테 물어보면 되죠.

미래 그렇네요. 그럼 자주 연락해요.

준호 우리도 일본에 한번 놀러 갈게요.

聖　子： もう私行かなくちゃいけないわ。
ミ　レ： 寂しいなあ。
聖　子： チュノさん、ミレさん、お陰で本当に楽しかったわ。
チュノ： 僕たちも聖子さんと友達になれてほんとに嬉しいです。
聖　子： そうだ。メールアドレスください。一緒に撮った写真、送るから。
ミ　レ： ハングルでメールできますか？
聖　子： できると思うの。もしうまくいかなかったらユジンさんに聞けばいいんだし。
ミ　レ： そうですね。じゃあ、ちょくちょく連絡し合いましょうね。
チュノ： 僕たちも日本に一度に遊びに行きますね。

語句

이제 もう　　-아야 되다 -しなければならない ☞文法2

섭섭하다 寂しい　　덕분에〈德分-〉お陰で　　즐겁다〈ㅂ変則〉楽しい

~가 되다 ~になる（助詞に注意！）

-ㄹ 수 있다 -することができる ☞文法3　　기쁘다 嬉しい

참 あ、そうだ（気づいたとき）　　찍다 撮る　　-은 ☞文法1

사진〈寫眞〉写真　　보내다 送る　　한글 ハングル

잘 안 되다 うまくいかない　　물어보다 尋ねる

-면 되다 -ればいい ☞文法4　　그렇다 そうだ

자주 たびたび、ちょくちょく

♣ 文 法 ♣

1 動詞の過去連体形　-(으)ㄴ　-(し)た

「～した○○」のように名詞を修飾する動詞が過去の意味のときは、語幹に「-(으)ㄴ」という語尾を付けます。語尾接続のタイプは「パッチム有無型」、ㄹパッチムは脱落します。

어제 찾아온 남자 아세요?　〈←찾아오다〉
昨日訪ねて来た男の人、ご存じですか?

아까 먹은 음식 이름이 뭐죠?　〈←먹다〉
さっき食べた食べ物の名前、なんでしたっけ?

산낙지는 산의 낙지가 아니고 '산 낙지'예요.　〈←살다〉
「산낙지」は山のタコじゃなくて「生きたタコ」です。

2 義務表現　-아/어/여야 되다　-(し)なければならない

「-아/어/여야」は「-(し)てこそ」という意味、「되다」は「なる、できる、十分だ」といった意味を持ちます。つまり「-아/어/여야 되다」は「-(し)てこそなる」となることから、「-(し)なければならない」ということを意味します。「되다」の代わりに「하다」を使うこともあります。語尾接続のタイプは「陰陽型」。

저, 열 시까지 집에 가야 되거든요.　〈←가다〉
私、10時までに家に帰らないといけないんですよ。

비행기 예약을 변경해야 되는데...　〈←변경하다〉
飛行機の予約を変更しないといけないんだけど…。

3 可能・不可能表現　-(으)ㄹ 수 있다・없다　-(する)ことができる・できない

「수」は「すべ・方法」を意味し、「있다・없다」の使い分けで可能・不可能を表します。語尾接続のタイプは「パッチム有無型」、ㄹパッチムは脱落します。

열심히 하면 한국말 잘 할 수 있을 거예요.　〈←잘 하다〉
一生懸命やれば韓国語がうまくなれるでしょう。

이 컴퓨터로는 한글로 메일을 보낼 수 없어요.　〈←보내다〉
このコンピューターではハングルでメールを送れません。

4 方法提示表現　-(으)면 되다　-(すれ)ばいい

どうしたらいいかを聞いたり、方法を教えてあげるときに使う表現です。語尾接続のタイプは「パッチム有無型」、ㄹパッチムは脱落しません。

명동에 가고 싶은데 어떻게 가면 돼요?　〈←가다〉
明洞に行きたいんですけど、どう行けばいいですか?

돈이 모자라면 카드로 사면 되죠.　〈←사다〉
お金が足りなかったらカードで買えばいいんですよ。

練習問題

[CD50]

1 ①〜③の2つの文を、例のようにつないでみましょう。

例 a. 어제 갔어요. 昨日行きました。
b. 그 곳이 어디예요? その場所はどこですか?
⇒ 어제 간 곳이 어디예요? 昨日行った所はどこですか?

① a. 아까 만났어요. さっき会いました。
b. 그 사람이 누구예요? その人は誰ですか?

② a. 제가 만들었어요. 私が作りました。
b. 그 찌개 드셔 보세요. そのチゲ、召し上がってみてください。

③ a. 주말에 봤어요. 週末に見ました。
b. 그 영화가 재미있었어요. その映画が面白かったです。

2 ①〜⑤の文を例のように変化させて言ってみましょう。

例 아침은 꼭 먹어요. 朝は必ず食べます。
⇒ 아침은 꼭 먹어야 돼요. 朝は必ず食べなきゃいけません。

① 일곱 시까지 가요. 7時までに行きます。

② 열심히 살아요. 一生懸命生きます。

③ 빨리 연락해요. 早く連絡します。

④ 가만히 있어요. じっとしています。

⑤ 오늘 안으로 끝내요. 今日中に終えます。

3 ①~⑤の文を例のように変化させて言ってみましょう。

例 **한글로 메일을 보내요.** ハングルでメールを送ります。
⇒ **한글로 메일을 보낼 수 있어요.**
　ハングルでメールを送ることができます。

① **집에서 한국 드라마를 봐요.** うちで韓国ドラマを見ます。
② **한복은 쉽게 입어요.** チマチョゴリは簡単に着ます。
③ **다 친구가 돼요.** みんな友達になります。
④ **아침 일찍 일어나요?** 朝早く起きますか？
⑤ **어떻게 하면 예뻐져요?** どうすればきれいになりますか？

4 ①~③の文を例のように変化させて言ってみましょう。

例 **이거 어떻게 먹어요?** これ、どうやって食べますか？
⇒ **이거 어떻게 먹으면 돼요?**
　これ、どうやって食べればいいですか？

① **서울역에는 어떻게 가요?**
　ソウル駅にはどうやって行きますか？
② **시각표를 알아봐야 하는데 누구한테 물어봐요?**
　時刻表を調べなきゃならないんだけど、誰に尋ねますか？
③ **역사에 대해 알고 싶은데 어떤 책을 읽어요?**
　歴史について知りたいんだけど、どんな本を読みますか？

1 丁寧さにかかわる文末語尾

本書では「**해요**」に代表される丁寧な文体(「**해요体**」と呼びます)を主に扱ってきました。韓国語の初級学習者にとって、「**해요体**」は接する機会が最も多く、実用性が高いと思われるスタイルだからです。

しかし本来、韓国語では、対話の相手が自分にとって目上か年下か、親しいか疎遠か、またオフィシャルな対話かプライベートな対話かなどによって、相手への呼びかけ方や話し方(主として文末語尾)を選択しなければなりません。ドラマなどの登場人物同士の心理的関係が、このような話し方によって表現されることもしばしばです。

ここでは、「**해요体**」を含む4種類のスタイルのもつ意味合いと形の作り方について簡単に説明することにします。

①**합니다体**

初対面の人や、年齢や地位に明らかな開きのある目上の人に対して、また、取引先や大勢の人の前で話すといった公式的な場面で用いられる、最もかしこまったスタイルです。本書でも聖子さんとユジンさんやチュノさんが初めて会ったときには、このスタイルを交えて話しています。「**합니다体**」の平叙形の作り方は次の通りです。

末尾にパッチムのある語幹+**습니다**　　**먹다 ⇒ 먹습니다** 食べます

末尾にパッチムがない語幹+**ㅂ니다**　　**가다 ⇒ 갑니다** 行きます

末尾のパッチムが**ㄹ**である語幹 ⇒ **ㄹ**脱落+**ㅂ니다**

살다 ⇒ 삽니다 住んでいます

10日目で学習した「**-입니다**」は「~である」という意味の指定詞「**이다**」に「**합니다体**」の語尾「**-ㅂ니다**」が付いたものです。

なお、「합니다体」の疑問形語尾は「합니다」の「다」を「까?」に替えればよく、命令形語尾は「-(으)십시오」(パッチム有無型)です(勧誘形はあまり使われません)。

어디 가십니까?　　どちらへいらっしゃいますか?〈疑問〉

친척 집에 갑니다.　　親戚の家に行きます。〈平叙〉

조심해서 가십시오.　　気をつけてお行きください。〈命令〉

②해요体

「합니다体」がオフィシャルな丁寧体であるのに対し、「해요体」はプライベートな丁寧体だと言えます。ただ、これは「相手を尊重する」といった意味合いで広く使われるため、日本語に訳すと「そうだね」「いいわよ」のように「です・ます」ではないスタイルになる場合もあります。

11日目で学習した「-이에요/예요」は「~である」という意味の指定詞「-이다」に「해요体」の語尾「-어요」が付いて変化したものです。

「해요体」は平叙形、疑問形、勧誘形、命令形がすべて同じ形をしており、これらの意味をイントネーションで区別します。(14日目文法1参照)

③해体(パンマル)

「해요体」から「요」を取り除いた形をしており、「文末をはしょったスタイル」という意味で「パンマル(반말)」と呼ばれています。これは同年輩か年下の親しい相手に対して使われるスタイルで、日本語で言う「タメ口」にあたります。

「パンマル」の形の作り方は基本的に「해요形」から「요」を取り除けばいいのですが、次のような例外があります。

해요体	パンマル
나는 회사원이에요.	난 회사원이야.
私は会社員です。	僕は会社員だよ。
여기는 선생님이 앉으세요.	여기는 선생님이 앉으셔.
ここは先生が座られます。	ここは先生が座られるよ。

元来、子どもが親に対して話す場合や夫婦の間でも丁寧語を使うのが望ましいとされ

ていますが、現代の若い親子(特に母親に対して)や夫婦の間では互いに「パンマル」を使うことも多いようです。

「パンマル」も「해요体」と同様、平叙・疑問・命令・勧誘をイントネーションのみで区別します。

어디 가?　　　どこ行くの？〈疑問〉

집에 가.　　　家に帰るんだ。〈平叙〉

그럼 같이 가.　じゃあ一緒に帰ろう。〈勧誘〉

야, 빨리 와!　おい、早く来いよ！〈命令〉

④ 한다体

丁寧度がゼロ、かつドライなスタイルで、新聞・書籍・報告書の類に用いられます。話し言葉では「親が子に対して」のように上位者から下位者に対して使われますが、同年輩や年下の親しい相手に話す場合にも、しばしば上記の「パンマル」に交ぜて使われます。

「한다体」の平叙形を作る際には、用言が動詞かどうかを区別する必要があります。

〈動詞の現在平叙形〉

　　末尾にパッチムのある語幹＋는다　　먹다 ⇒ 먹는다　　食べる

　　末尾にパッチムがない語幹＋ㄴ다　　가다 ⇒ 간다　　行く

　　末尾のパッチムがㄹである語幹→ㄹ脱落＋ㄴ다
　　　　　　　　　　　　　　　　　　살다 ⇒ 산다　　住んでいる

〈上記以外の平叙形〉

　　語幹＋다（基本形と同じ）　　좋다, 크다, 맛있다　　良い、大きい、おいしい

「한다体」の疑問形語尾はちょっと複雑です。話し言葉では動詞・形容詞とも「-냐?, -니?」(単純型。語幹末のㄹ脱落)ですが、書き言葉では動詞・存在詞なら「-는가」(単純型。語幹末のㄹ脱落)、形容詞・指定詞なら「-(으)ㄴ가」(パッチム有無型。語幹末のㄹ脱落)となります。勧誘形語尾は「-자」(単純型)、命令形語尾は「-아/어/여라」(陰陽型)です。

인간은 무엇을 먹고 사는가?
人間は何を食べて生きるのか。〈書き言葉・動詞・疑問〉

어느 나라 인구가 더 많은가?
どの国の人口がより多いのか。〈書き言葉・形容詞・疑問〉

뭐 먹냐?/먹니?　　何食べてるんだ?〈話し言葉・疑問〉

빵 먹는다.　　パン食べてるんだ。〈平叙〉

같이 먹자.　　一緒に食べよう。〈勧誘〉

네가 먼저 먹어라.　お前が先に食べろ。〈命令〉

2 変則用言

本書では①「ㄷ変則用言」と②「ㅂ変則用言」を扱いましたが、そのほかに、主な変則用言として③「ㅎ変則用言」、④「르変則用言」、⑤「ㅅ変則用言」が挙げられます。

③「ㅎ変則用言」は「パッチム有無型」「陰陽型」の語尾が付くと「ㅎパッチム」が脱落し、「陰陽型」の語尾が付く場合はさらに変化が起こります。

　パッチム有無型　　그렇(다)＋으 ⇒ 그러

　陰陽型　　　　　　그렇(다)＋어 ⇒ 그래

「ㅎ変則用言」には「**이렇다**(こうだ)、**그렇다**(そうだ)、**저렇다**(ああだ)、**어떻다**(どうだ)、**빨갛다**(赤い)、**노랗다**(黄色い)、**파랗다**(青い)、**하얗다**(白い)、**까맣다**(黒い)」などがあります。

④「르変則用言」は「陰陽型」の語尾が付くと、語幹末の母音「ㅡ」が脱落し、さらに「ㄹ」が添加されます。

　陽母音語幹　　모르(다)＋아 ⇒ 몰라

　陰母音語幹　　부르(다)＋어 ⇒ 불러

「**모르다**(知らない)、**부르다**(呼ぶ)、**자르다**(切る)、**마르다**(乾く)」など、語幹が「르」で終わる用言の大部分が「르変則用言」です。例外は「**따르다**(従う、注ぐ：正則)、**치르다**(支払う：正則)、**이르다**(至る：러変則)」など少数派です。

⑤「ㅅ変則用言」は「パッチム有無型」「陰陽型」の語尾が付くと、「ㅅパッチム」が脱落します。

パッチム有無型　　낫(다)＋으 ⇒ 나으

陰陽型　　　　　　낫(다)＋아 ⇒ 나아

「ㅅ変則用言」には「낫다（直る，ましだ）、잇다（継ぐ）、짓다（作る）」などがあります。

次の表は、正則用言と対比しながら、①から⑤までの変則用言の活用について簡単にまとめたものです。正則と変わりがないところは空欄となっています。

変則用言の活用例

		パッチム有無型		陰陽型
		-으면	-은	-아/어요
①ㄷ変則	듣다 聞く	들으면	들은	들어요
cf. 正則	닫다 閉める	닫으면	닫은	닫아요
②ㅂ変則※	맵다 辛い	매우면	매운	매워요
cf. 正則	입다 着る	입으면	입은	입어요
③ㅎ変則	그렇다 そうだ	그러면	그런	그래요
cf. 正則	좋다 良い	좋으면	좋은	좋아요
④르変則（陽）	자르다 切る			잘라요
cf. 正則	바쁘다 忙しい			바빠요
⑤르変則（陰）	부르다 呼ぶ			불러요
cf. 正則	치르다 払う			치러요
⑥ㅅ変則	낫다 直る	나으면	나은	나아요
cf. 正則	씻다 洗う	씻으면	씻은	씻어요

※陽母音語幹の「ㅂ変則用言」は、「陰陽型」の語尾が付く場合、「돕다（助ける）、곱다（きれいだ）」には「아」が付きますが、それ以外（「가깝다（近い）、고맙다（ありがたい）」など）には「어」が付きます。

곱다 きれいだ ⇒ 고와요 （きれいです）

가깝다 近い ⇒ 가까워요 （近いです）

練習問題の解答（9日目以降）

9日目 [CD12]

1
① 천팔백칠십육년 이월 이십육일
② 천구백십년 팔월 이십이일
③ 천구백십구년 삼월 일일
④ 천구백육십오년 십이월 십팔일
⑤ 천구백팔십팔년 구월 십칠일
⑥ 이천이년 사월 일일

2
① 사천구백 원
② 만오천 원
③ 이천구백팔십 엔
④ 삼십만 원
⑤ 사십육 달러
⑥ 백만 달러

3
① 두시 이십분
② 세시 삼십분
③ 네시 사십오분
④ 다섯시 오십분
⑤ 열시 십분
⑥ 열두시

4
① A : 귤 열 개 얼마예요?
　 B : 이천 원이에요.
② A : 노트 다섯 권 얼마예요?
　 B : 삼천오백 원이에요.
③ A : 커피 두 잔 얼마예요?
　 B : 사천팔백 원이에요.
④ A : 티셔츠 세 장 얼마예요?
　 B : 만 원이에요.
⑤ A : 종이 오백 장 얼마예요?
　 B : 육천 원이에요.

10日目 [CD15]

1
① 주부입니다.　主婦です。
② 학생입니다.　学生です。
③ 교사입니다.　教師です。
④ 일본 사람입니다.　日本人です。
⑤ 한국 사람입니다.　韓国人です。

2
① 이 사람은　この人は
② 제 친구는　私の友達は
③ 직업은　職業は
④ 취미는　趣味は
⑤ 고향은　出身地は

3
① 취미는 테니스입니다.　趣味はテニスです。
② 직업은 회사원입니다.　職業は会社員です。
③ 고향은 부산입니다.　出身地はプサンです。
④ 이 사람은 제 친구입니다.
　 この人は私の友達です。
⑤ 어머니는 배용준 씨 팬입니다.
　 母はペ・ヨンジュンさんのファンです。

4
① 이 사람 이름은 요시무리라고 합니다.
　 この人の名前は吉村といいます。
② 이 사람 이름은 에리카라고 합니다.
　 この人の名前は絵理果といいます。
③ 이 사람 이름은 미우라 준이라고 합니다.
　 この人の名前は三浦潤といいます。
④ 이 사람 이름은 이명식이라고 합니다.
　 この人の名前はイ・ミョンシクといいます。
⑤ 이 사람 이름은 정수희라고 합니다.
　 この人の名前はチョン・スヒといいます。

11日目 [CD17]

1
① 대학생이에요.　大学生です。
② 교사예요.　教師です。
③ 공무원이에요.　公務員です。
④ 일본 사람이에요.　日本人です。
⑤ 재일 교포예요.　在日韓国人です。

2
① 학교 선생님이세요?
　学校の先生でいらっしゃいますか？
② 축구 선수세요?
　サッカー選手でいらっしゃいますか？
③ 관광객이세요?
　観光客の方ですか？
④ 재일 교포세요?
　在日韓国人でいらっしゃいますか？
⑤ 한국 분이세요?
　韓国の方でいらっしゃいますか？

3
① 회사원이세요? / 네, 회사원이에요.
　会社員でいらっしゃいますか？／はい、会社員です。
② 재일 교포세요? / 네, 재일 교포예요.
　在日韓国人でいらっしゃいますか？／はい、在日韓国人です。
③ 관광객이세요? / 네, 관광객이에요.
　観光客でいらっしゃいますか？／はい、観光客です。
④ 야구 선수세요? / 네, 야구 선수예요.
　野球選手でいらっしゃいますか？／はい、野球選手です。
⑤ 한국 분이세요? / 네, 한국 사람이에요.
　韓国の方でいらっしゃいますか？／はい、韓国人です。
⑥ 중국 분이세요? / 네, 중국 사람이에요.
　中国の方でいらっしゃいますか？／はい、中国人です。

4
① 회사원이세요? / 아니요, 주부예요.
　会社員でいらっしゃいますか？／いいえ、主婦です。
② 유학생이세요? / 아니요, 관광객이에요.
　留学生でいらっしゃいますか？／いいえ、観光客です。
③ 축구 선수세요? / 아니요, 야구 선수예요.
　サッカー選手でいらっしゃいますか？／いいえ、野球選手です。
④ 재일 교포세요? / 아니요, 일본 사람이에요.
　在日韓国人でいらっしゃいますか？／いいえ、日本人です。
⑤ 한국 분이세요? / 아니요, 일본 사람이에요.
　韓国の方でいらっしゃいますか？／いいえ、日本人です。

12日目 [CD19]

1
① 제 가방 아니에요.
　私のカバンじゃありません。
② 세이코 씨 차 아니에요.
　聖子さんの車じゃありません。
③ 일본 사람 아니에요.
　日本人じゃありません。
④ 유학생 아니에요.　留学生じゃありません。
⑤ 내 여자 친구 아니에요.
　僕の彼女じゃありません。

2
① 그 차 명식이 거예요? / 아뇨, 명식이 거 아니에요.
　その車、ミョンシクのものですか？／いいえ、ミョンシクのではありません。
　그럼 누구 거예요? / 수희 거예요.
　じゃあ、誰のですか？／スヒのものです。
② 그 노트북 형 거예요? / 아뇨, 형 거 아니에요.
　そのノートパソコン、兄さんのものですか？／いいえ、兄のものではありません。
　그럼 누구 거예요? / 아버지 거예요.

練習問題の解答 (9日目以降)

じゃあ、誰のですか？／父のものです。

③ 이 노래 한국 노래예요? / 아뇨, 한국 노래 아니에요.
この歌、韓国の歌ですか？／いいえ、韓国の歌ではありません。

그럼 어느 나라 노래예요? / 일본 노래예요.
じゃあ、どこの国の歌ですか？／日本の歌です。

④ 저 건물 학교예요? / 아뇨, 학교 아니에요.
あの建物、学校ですか？／いいえ、学校ではありません。

그럼 무슨 건물이에요? / 병원이에요.
じゃあ、何の建物ですか？／病院です。

⑤ 그 영화 공포 물이에요? / 공포 물 아니에요.
그럼 어떤 영화예요? / 멜로 물이에요.
その映画、ホラーものですか？／いいえ、ホラーものではありません。
じゃあ、どんな映画ですか？／恋愛ものです。

3

① 집은 서울이에요. / 그럼 고향은요?
家はソウルです。／じゃあ、出身地は？

② 나이는 스물 둘이에요. / 그럼 취미는요?
年は22歳です。／じゃあ、趣味は？

③ 이것은 집 전화번호예요. / 그럼 핸드폰 번호는요?
これは家の電話番号です。／じゃあ、携帯電話の番号は？

④ 이 가방은 언니 거예요. / 그럼 그 모자는요?
このカバンはお姉さんのものです。／じゃあ、その帽子は？

⑤ 냉면은 사천오백 원이에요. / 그럼 비빔밥은요?
冷麺は4,500ウォンです。／じゃあ、ビビンバは？

13日目 【CD 21】

1

① 차가 없어요. 車がありません。

② 돈이 없어요. お金がありません。
③ 여유가 없어요. 余裕がありません。
④ 지갑이 없어요. 財布がありません。
⑤ 숟가락이 없어요. スプーンがありません。

2

① 컴퓨터는 어디 있어요? / 제 방에 있어요.
コンピューターはどこにありますか？／私の部屋にあります。

② 피시방은 어디 있어요? / 집 근처에 있어요.
ネットカフェはどこにありますか？／家の近所にあります。

③ 차는 어디 있어요? / 주차장에 있어요.
車はどこにありますか？／駐車場にあります。

④ 편의점은 어디 있어요? / 역 앞에 있어요.
コンビニはどこにありますか？／駅前にあります。

⑤ 화장실은 어디 있어요? / 지하에 있어요.
トイレはどこにありますか？／地下にあります。

3

① 이 층에는 욕실도 있어요.
2階には浴室もあります。

② 집 근처에는 은행도 있어요.
家の近所には銀行もあります。

③ 역 앞에는 마트도 있어요.
駅前にはスーパーもあります。

④ 앞 집에는 강아지도 있어요.
向かいの家にはイヌもいます。

⑤ 우리 집에는 LCD TV도 있어요.
私の家には液晶テレビもあります。

4

① 이 층에도 욕실이 있어요.
2階にも浴室があります。

② 집 근처에도 은행이 있어요.
家の近所にも銀行があります。

③ 역 앞에도 마트가 있어요.
駅前にもスーパーがあります。

④ 앞집에도 강아지가 있어요.
向かいの家にもイヌがいます。

⑤ 우리 집에도 LCD TV가 있어요.
私の家にも液晶テレビがあります。

14日目 [CD23]

1
① 안내를 해요.　案内をします。
② 주문을 해요.　注文をします。
③ 예약을 해요.　予約をします。
④ 운전을 해요.　運転をします。
⑤ 드라이브를 해요.　ドライブをします。

2
① 교토를 안내해요.　京都を案内します。
② 비빔밥을 주문해요.　ビビンバを注文します。
③ 호텔을 예약해요.　ホテルを予約します。
④ 차를 운전해요.　車を運転します。
⑤ 해변을 드라이브해요.
　 海辺をドライブします。

3
① 안내를 안 해요.
　 案内しません。
② 주문을 안 해요.
　 注文しません。
③ 예약을 안 해요.
　 予約をしません。
④ 운전을 안 해요.
　 運転をしません。
⑤ 드라이브를 안 해요.
　 ドライブをしません。

4
① 빵하고 커피를 좋아해요.
　 パンとコーヒーが好きです。
② 영화하고 음악을 좋아해요.
　 映画と音楽が好きです。
③ 비빔밥하고 갈비를 좋아해요.
　 ビビンバとカルビが好きです。
④ 쇼핑하고 드라이브를 좋아해요.
　 ショッピングとドライブが好きです。
⑤ 게임하고 만화를 좋아해요.
　 ゲームと漫画が好きです。

15日目 [CD25]

1
① 맞아요.　そのとおりです。
② 없어요.　ありません。
③ 좋아요.　良いです。
④ 놀아요.　遊びます。
⑤ 많아요.　多いです。
⑥ 맛있어요.　おいしいです。
⑦ 사요.　買います。
⑧ 봐요.(보아요)　見ます。
⑨ 지내요.　過ごします。
⑩ 기다려요.　待ちます。
⑪ 예뻐요.　すてきです。
⑫ 줘요.(주어요)　くれます。

2
① 김치가 맛있어요.　キムチがおいしいです。
② 일이 많아요.　仕事が多いです。
③ 친구가 와요.　友達が来ます。
④ 시간이 없어요.　時間がないです。
⑤ 목걸이가 예뻐요.　ネックレスがすてきです。
⑥ 가격이 싸요.　価格が安いです。

3
① 신문을 봐요.　新聞を見ます。
② 이메일을 보내요.　Eメールを送ります。
③ 책을 읽어요.　本を読みます。
④ 한국어를 배워요.　韓国語を習います。
⑤ 돈을 써요.　お金を使います。
⑥ 친구를 기다려요.　友達を待ちます。

16日目 [CD27]

1
① 보세요. / 봐요.　ご覧になります。／見ます。
② 입으세요. / 입어요.
　 お召しになります。／着ます。
③ 좋아하세요. / 좋아해요.
　 お好きです。／好きです。
④ 찾으세요. / 찾아요.
　 お探しです。／探します。
⑤ 사세요. / 살아요.

練習問題の解答（9日目以降）

お住まいです。／住んでいます。

2

① 김치를 좋아하세요? / 네, 좋아해요.
キムチがお好きですか？／はい、好きです。

② 한복을 입으세요? / 네, 입어요.
チマチョゴリをお召しになりますか？／はい、着ます。

③ 학원에 다니세요?/네, 다녀요.
塾に通っておられますか？／はい、通っています。

④ 일본어을 공부하세요? / 네, 공부해요.
日本語を勉強しておられますか？／はい、勉強しています。

⑤ 그 사람을 아세요?/네, 알아요.
その人をご存じですか？／はい、知っています。

3

① 식사는 어디서 하세요? / 회사 식당에서 해요. 食事はどこでなさいますか？／会社の食堂でします。

② 옷은 어디서 사세요? / 백화점에서 사요.
服はどこで買われますか？／百貨店で買います。

③ 휴가는 어디서 지내세요? / 외국에서 지내요. 休暇はどこでお過しになりますか？／外国で過ごします。

④ 친구는 어디서 만나세요? / 커피숍에서 만나요. お友達にはどこでお会いになりますか？／コーヒーショップで会います。

⑤ 전철은 어디서 타세요? / 길 건너에서 타요. 電車にはどこでお乗りになりますか？／道を渡ったところで乗ります。

4

① 히로시마에는 어떻게 가세요? / 신칸센으로 가요. 広島には何で行かれますか？／新幹線で行きます。

② 연락은 어떻게 하세요? / 이메일로 해요.
連絡は何でなさいますか？／Eメールでします。

③ 요금은 어떻게 지불하세요? / 카드로 지불해요. 料金は何でお支払になりますか？／カードで支払います。

④ 그런 정보는 어떻게 아세요? / 인터넷으로 알아요. そんな情報は何でお知りになるのですか？／インターネットで知ります。

⑤ 짐은 어떻게 보내세요? / 택배로 보내요. 荷物は何で送られますか？／宅配で送ります。

17日目 【CD 29】

1

① 맛있었어요. おいしかったです。
② 놀았어요. 遊びました。
③ 재미없었어요. 面白くなかったです。
④ 좋아했어요. 好きでした。
⑤ 갔어요. 行きました。
⑥ 왔어요. 来ました。
⑦ 배웠어요. 習いました。
⑧ 썼어요. 使いました。
⑨ 됐어요. (되었어요.) なりました。
⑩ 공부했어요. 勉強しました。

2

① 요코하마에 중국 음식을 먹으러 가요.
横浜に中華料理を食べに行きます。

② 서울에 쇼핑하러 가요.
ソウルにショッピングしに行きます。

③ 홋카이도에 스키를 타러 가요.
北海道にスキーをしに行きます。

④ 오키나와에 다이빙을 하러 가요.
沖縄にタイピングをしに行きます。

⑤ 체육관에 농구 시합을 구경하러 가요.
体育館にバスケットボールの試合を観に行きます。

3

① 김치는 맛도 있고 몸에도 좋아요.
キムチはおいしいし、体にも良いです。

② 음악도 좋아하고 미술도 좋아해요.
音楽も好きだし、美術も好きです。

③ 오전에는 청소를 하고 오후에는 빨래를 했어요. 午前中は掃除をし、午後には洗濯をしました。

4
① 빨래는 했지만 청소는 안 했어요.　洗濯はしたけれど、掃除はしませんでした。
② 운동은 좋아하지만 야구는 별로 안 좋아해요.　スポーツは好きですが、野球はあまり好きではありません。
③ 귀걸이는 예쁘지만 머리띠는 안 어울려요.　イヤリングはすてきですが、ヘアバンドは似合いません。

18日目 [CD30]

1
① 저 (는) 한국말 (을) 공부해요.
② 한국 (에) 친구 (가) 있어요.
③ 김치 (도) 좋아하고 비빔밥 (도) 좋아해요.
④ 역 앞 (에서) 언니 (하고) 언니 애인 (을) 봤어요.
⑤ 인터넷 (으로) 책 (하고) 시디 (를) 샀어요.
⑥ 우리 형 (은) 한국 (에) 애인 (이) 있어요.

2
오다 : 오세요? / 와요. / 오고
읽다 : 읽으세요? / 읽어요. / 읽고
알다 : 아세요? / 알아요. / 알고
좋아하다 : 좋아하세요? / 좋아해요. / 좋아하고
보다 : 보러 가요. / 봤어요. / 보지만
먹다 : 먹으러 가요. / 먹었어요. / 먹지만
놀다 : 놀러 가요. / 놀았어요. / 놀지만
공부하다 : 공부하러 가요. / 공부했어요. / 공부하지만

19日目 [CD32]

1
① 입으시다　お召しになる
② 아시다　ご存じだ
③ 모르시다　ご存じない
④ 없으시다　おありでない
⑤ 사시다　お住まいだ

2
① 결혼식 때는 뭐 입으실 거예요? / 한복을 입을 거예요.　結婚式の時は何をお召しになるんですか？／チマチョゴリを着ようと思っています。
② 선물은 뭐 사실 거예요? / 귀걸이를 살 거예요.　プレゼントは何を買われるんですか？／イヤリングを買おうと思っています。
③ 이번에는 뭐 읽으실 거예요? / 추리소설을 읽을 거예요.　今度は何をお読みになるんですか？／推理小説を読もうと思っています。
④ 서울에서는 어디 계실 거예요? / 남대문호텔에서 있을 거예요.　ソウルではどこに滞在されるんですか？／南大門ホテルで滞在しようと思っています。
⑤ 점심은 뭐 드실 거예요? / 갈비탕을 먹을 거예요.　昼食は何を召し上がるんですか？／カルビタンを食べようと思っています。

3
① 비싸겠어요.　高そうですね。
② 좋겠어요.　よさそうですね。
③ 맵겠어요.　辛そうですね。
④ 힘들겠어요.　大変そうですね。
⑤ 피곤하시겠어요.　お疲れでしょう。

4
① 입어 보세요.　着てみてください。
② 찾아봤어요?　探してみましたか？
③ 와 주세요.　来てください。
④ 가르쳐 줬어요.　教えてくれました。
⑤ 보여 주세요.　見せてください。

20日目 [CD34]

1
① 아홉 시 (부터) 다섯 시 반 (까지) 일해요.
② 집 (에서) 역 (까지) 자전거 (로) 가요.
③ 집 (에서) 누나 (한테) 이야기했어요.

④ 오빠(한테서) 이메일(이) 왔어요.
⑤ 서울(에서) 형(한테) 전화(가) 왔어요.

2
① 팥빙수 먹을까요? カキ氷、食べましょうか？
② 찜질방에 가 볼까요?
韓国式健康ランドに行ってみましょうか？
③ 표 살까요? 切符、買いましょうか？
④ 여기 앉을까요? ここに座りましょうか？
⑤ 커피라도 마실까요?
コーヒーでも飲みましょうか？

3
① 그 김치는 맛있을 거예요.
そのキムチは美味しいと思いますよ。
② 그 영화는 재미없을 거예요.
この映画は面白くないと思いますよ。
③ 유진 씨는 나중에 올 거예요.
ユジンさんは後で来ると思いますよ。
④ 사람들이 좋아할 거예요.
みんな喜ぶと思いますよ。
⑤ 딸기는 지금 비쌀 거예요.
イチゴは今、高いと思いますよ。

4
① 그 김치는 맛있을까요?
そのキムチは美味しいでしょうか？
② 그 영화는 재미없을까요?
この映画はつまらないでしょうか？
③ 유진씨는 나중에 올까요?
ユジンさんは後で来るでしょうか？
④ 사람들이 좋아할까요?
みんな喜ぶでしょうか？
⑤ 딸기는 지금 비쌀까요?
イチゴは今、高いでしょうか？

21日目 [CD36]

1
① 이건 너무 비싸잖아요.
これはちょっと高すぎるじゃないですか。
② 여자들한테 인기가 많잖아요.
女性にとても人気があるじゃないですか。
③ 매일 열심히 일하잖아요.
毎日一生懸命働いているじゃないですか。
④ 담배는 몸에 안 좋잖아요.
タバコは体によくないじゃないですか。

2
① 화장실 좀 쓸게요.
トイレちょっと借りますね。
② 약속은 꼭 지킬게요.
約束はきっと守りますね。
③ 사진 찍을게요. 写真、撮りますよ。
④ 둘이서 잘 살게요.
二人で幸せに暮らしますから。

3
① 졸업하면 혼자 살 거예요.
卒業したら一人で暮らそうと思っています。
② 시간이 나면 놀러 갈게요.
時間ができたら遊びに行きますね。
③ 일이 끝나면 전화할게요.
仕事が終わったら電話しますね。
④ 관심이 있으시면 이 책을 읽어 보세요.
関心がおありでしたらこの本をお読みになってみてください。

4
① 오늘은 일이 있으니까 다음에 가요.
今日は用事があるのでこの次に行きましょう。
② 내일은 시간이 많으니까 놀러 갈게요.
明日は時間がたっぷりあるので遊びに行きますね。
③ 그 집이 유명하니까 한번 가 보세요.
そのお店、有名ですから一度行ってみてください。
④ 지금은 돈이 없으니까 나중에 드릴게요.
今はお金がないので後でお渡しします。

22日目 [CD38]

1
① 그 책 재미있죠? / 네, 재미있어요.

その本面白いでしょう？／ええ、面白いです。
② 공부 많이 했죠? / 네, 많이 했어요.
ずいぶん勉強したんでしょう？／ええ、ずいぶんしました。
③ 청소는 매일 하죠? / 네, 매일 해요.
掃除は毎日するんでしょう？／ええ、毎日しますよ。
④ 그 사람 잘 알죠? / 네, 잘 알아요.
その人、よく知ってるでしょう？／ええ、よく知ってます。
⑤ 우리 어디서 만났죠? / 네, 만났어요.
私たちどこかで会いましたよね？／ええ、会いましたよ。

2

① 못 가요.　行けません。
② 못 와요.　来られません。
③ 못 먹어요.　食べられません。
④ 못 했어요.　できませんでした。
⑤ 못 찾았어요.　見つかりませんでした。

3

① 날씨가 좋아서 빨래가 잘 말라요.
天気がいいので洗濯物がよく乾きます。
② 그 분이 도와주셔서 잘 해결됐어요.
その方が助けてくださったのでうまく解決しました。
③ 배가 고파서 집중이 안 돼요.
お腹が空いて集中できません。
④ 일주일 동안 청소를 못 해서 방이 좀 지저분해요.　一週間掃除ができなかったので部屋がちょっと汚いです。
⑤ 얼마 전에 남자 친구하고 헤어져서 지금은 혼자예요.　ちょっと前に彼氏と別れたので、今は一人です。

23日目　[CD40]

1

① 비가 오는 날　雨が降る日
② 제일 좋아하는 음식　一番好きな食べもの
③ 재미있는 드라마　面白いドラマ
④ 잘 아는 사람　よく知っている人
⑤ 갈아타는 곳　乗り換え場所
⑥ 도움이 되는 정보　役に立つ情報

2

① 재미있는 영화를 보고 싶어요.
面白い映画を見たいです。
② 도움이 되는 책을 읽고 싶어요.
役に立つ本を読みたいです。
③ 맛있는 커피를 마시고 싶어요.
おいしいコーヒーが飲みたいです。
④ 예쁜 드레스를 입고 싶어요.
きれいなドレスを着たいです。
⑤ 인기 있는 노래를 배우고 싶어요.
人気のある歌を覚えたいです。
⑥ 싫어하는 이유를 알고 싶어요.
嫌いな理由を知りたいです。

3

① 내일은 못 가요. 회사 일이 바쁘거든요.
明日は行けません。会社の仕事が忙しいもので。
② 백화점에 가요. 선물을 사고 싶거든요.
百貨店に行きましょう。プレゼントを買いたいもんですから。
③ 지금 배가 안 고파요. 아까 빵을 먹었거든요.　今お腹が空いていません。さっきパンを食べたんですよ。

4

① 지금 바로 가겠습니다.　今すぐ参ります。
② 약속은 꼭 지키겠습니다.
約束は必ず守ります。
③ 자, 사진 찍겠습니다.
さあ、写真、撮ります。
④ 둘이서 잘 살겠습니다.
二人で幸せに暮らしたいと思います。
⑤ 앞으로 열심히 하겠습니다.
今後、一生懸命頑張ります。
⑥ 지금부터 문제를 읽겠습니다.
これから問題を読みます。

練習問題の解答(9日目以降)

25日目 【CD42】

1

① 문 좀 열어 주시겠어요? / 네, 열어 드릴게요.　ドアを開けていただけますか？／ええ、お開けしますね。

② 불 좀 켜 주시겠어요? / 네, 켜 드릴게요.　電気を点けてくださいますか？／ええ、お点けしますね。

③ 전원 좀 꺼 주시겠어요? / 네, 꺼 드릴게요.　電源を消してくださいますか？／ええ、お消ししますね。

④ 사진 좀 보여 주시겠어요? / 네, 보여 드릴게요.　写真を見せていただけますか？／ええ、お見せしますね。

⑤ 시간 좀 알아봐 주시겠어요? / 네, 알아봐 드릴게요.　時間をお調べいただけますか？／ええ、お調べしますね。

2

① 김건모라는 가수 아세요?
キム・ゴンモという歌手、ご存知ですか？

② 차태현이라는 배우를 좋아해요.
チャ・テヒョンという俳優が好きです。

③ '텔미'라는 노래가 유행했어요.
「テルミー」という歌がはやっていました。

④ '환웅'이라는 신이 하늘에서 내려왔어요.
「桓雄」という名の神が空から降りてきました。

⑤ 14세기에 '세종'이라는 왕이 있었어요.
14世紀に「世宗」という名の王がいました。

3

① 이 드라마 재미있네요.
このドラマ面白いですね。

② 시간이 없네요.　時間がありませんね。

③ 모자가 잘 어울리네요.
帽子がよく合いますね。

④ 한국말 잘 하시네요.
韓国語、お上手ですね。

⑤ 공부 많이 하셨네요.
ずいぶん勉強されましたね。

26日目 【CD44】

1

① 아저씨, 이 우산 얼마예요? / 삼만 팔천 원이요.　おじさん、この傘いくらですか？／3万8,000ウォンです。

② 할머니, 이 떡 얼마예요? / 사천오백 원이요.　おばあさん、この餅いくらですか？／4,500ウォンです。

③ 저기요, 이 빵 얼마예요? / 천이백 원이요.　あの、すみません、このパンいくらですか？／1,200ウォンです。

④ 아줌마, 이 스웨터 얼마예요? / 칠만 원이요.　おばさん、このセーターいくらですか？／7万ウォンです。

⑤ 아저씨, 이 시디 얼마예요? / 이만 삼천 원이요.　おじさん、このCDいくらですか？／2万3,000ウォンです。

2

① 아줌마, 이거 한 개 주세요.
おばさん、これ1個ください。

② 할머니, 이거 세 개 주세요.
おばあさん、これ3個ください。

③ 저기요, 이거 네 개 주세요.
あの、すみません、これ4個ください。

④ 아저씨, 이거 다섯 개 주세요.
おじさん、これ5個ください。

⑤ 아줌마, 이거 열 개 주세요.
おばさん、これ10個ください。

3

① 아저씨, 이것도 살 테니까 사만 원에 주세요.　おじさん、これも買うから4万ウォンでくださいよ。

② 할머니, 세 개 살 테니까 만 이천 원에 주세요.　おばあさん、3個買うから1万2,000ウォンでくださいよ。

③ 저기요, 다섯 개 살 테니까 오천 원에 주세요.　あの、すみません、5個買うから5,000ウォンでくださいよ。

④ 아줌마, 저것도 살 테니까 십만 원에 주세요.　おばさん、あれも買うから10万ウ

⑤ 아저씨, 두 장 살 테니까 사만 이천 원에 주세요.　おじさん、2枚買うから4万2,000ウォンでくださいよ。

27日目 [CD46]

1
① 짧은 머리　短い髪
② 조용한 방　静かな部屋
③ 젊은 여자　若い女性
④ 깨끗한 타월　清潔なタオル
⑤ 힘든 일　大変な仕事

2
① 세이코 씨보다 미래 씨가 더 키가 커요.
聖子さんよりミレさんの方が、背が高いです。
② 식당보다 포장마차가 더 비싸요.
食堂より屋台の方が高いです。
③ 소고기보다 돼지고기가 더 맛있어요.
牛肉より豚肉の方がおいしいです。
④ 빨간 것보다 노란 것이 더 마음에 들어요.
赤いのより黄色い方が気に入ります。
⑤ 부산보다 도쿄가 더 위도가 높아요.
プサンより東京の方が緯度が高いです。

3
① 이거 너무 맛있는데 음식 이름이 뭐예요?
これすごくおいしいんだけど、料理名は何ですか?
② 열심히 찾았는데 안 나와요.
一生懸命探したんだけど、出てきません。
③ 이름은 아는데 얼굴이 생각 안 나요.
名前は知っているんだけど、顔が思い浮かびません。

28日目 [CD48]

1
① 여기서 기다릴래요?
ここで待ちます?
② 수박 먹을래요?
スイカ、食べます?
③ 한복 입어 볼래요?
チマチョゴリ、着てみます?
④ 시장에 가 보실래요?
市場に行ってみられます?
⑤ 점심은 뭐 드실래요?
昼食は何召し上がります?

2
① 여기서 담배 피우지 마세요.
ここでタバコ吸わないでください。
② 다른 사람들한테 얘기하지 마세요.
他の人たちに言わないでください。
③ 걱정하지 마세요.
心配しないでください。
④ 신경 쓰지 마세요.
気を使わないでください。
⑤ 그 사람 말 듣지 마세요.
その人の言うことを聞かないでください。

3
① 어려워요.　難しいです。
② 더워요.　暑いです。
③ 추워요.　寒いです。
④ 가까워요.　近いです。
⑤ 고마워요.　ありがたいです。
⑥ 반가워요.　嬉しいです。

4
① 어려운 문제　難しい問題
② 더운 날　暑い日
③ 추운 방　寒い部屋
④ 가까운 곳　近い所
⑤ 뜨거운 국물　熱い汁
⑥ 무거운 짐　重い荷物

29日目 [CD50]

1
① 아까 만난 사람이 누구예요?
さっき会った人は誰ですか?
② 제가 만든 찌개 드셔 보세요.
私が作ったチゲ、召し上がってみてください。
③ 주말에 본 영화가 재미있었어요.

週末に見た映画が面白かったです。

2
① 일곱 시까지 가야 돼요.
7時までに行かなきゃいけません。
② 열심히 살아야 돼요.
一生懸命生きなきゃいけません。
③ 빨리 연락해야 돼요.
早く連絡しなきゃいけません。
④ 가만히 있어야 돼요.
じっとしていなきゃいけません。
⑤ 오늘 안으로 끝내야 돼요.
今日中に終えなきゃいけません。

3
① 집에서 한국 드라마를 볼 수 있어요.
うちで韓国ドラマを見られます。
② 한복은 쉽게 입을 수 있어요.
チマチョゴリは簡単に着られます。
③ 다 친구가 될 수 있어요.
みんな友達になれます。
④ 아침 일찍 일어날 수 있어요?
朝早く起きれますか?
⑤ 어떻게 하면 예뻐질 수 있어요?
どうすればきれいになれますか?

4
① 서울역에는 어떻게 가면 돼요?
ソウル駅にはどうやって行けばいいですか?
② 시각표를 알아봐야 하는데 누구한테 물어보면 돼요? 時刻表を調べなきゃならないんだけど、誰に訊けばいいですか?
③ 역사에 대해 알고 싶은데 어떤 책을 읽으면 돼요? 歴史について知りたいんだけど、どんな本を読んだらいいですか?

索引

本書に出た語彙をㄱㄴㄷ順に並べました。
数字はページを表します。

ㄱ

~가　~が　62
~가 되다　~になる　153
가게　店　17
가격　価格　77
가깝다　近い　144
가다　行く　75
가르치다　教える　99
가만히 있다
　じっとしている　156
가방　カバン　58
가수　歌手　15
가져 가다　持って行く　135
가족　家族　130
간직하다　しまっておく　156
갈비　カルビ　26
갈비탕　カルビタン　98
갈아타다　乗り換える　122
갑자기　急に　123
강아지　イヌ(子犬)　65
갖고 싶다　欲しい　143
같이　一緒に　67
개　個　36
개　イヌ　49
거　もの(것の縮約形)　55
거기　そこ　147
거긴
　そこは(거기는の縮約形)　109
-거든요　-んですよ　120
걱정　心配　109
걱정하다　心配する　150
건강　健康　120
건물　建物　59
걷다　歩く　114
걸리다　かかる　102
-게　-く、-ように　136
게임기　ゲーム機　55
-겠습니다　-いたします　121
-겠어요　-(し)そうですね　97
결과　結果　87
결혼　結婚　32
결혼식　結婚式　98

계산대　レジ　145
계시다　いらっしゃる　103
-고　-(し)て　87
-고 싶다　-(し)たい　121
고기　肉　17
고마워요　ありがとう　107
고맙다　ありがたい　149
고맙습니다
　ありがとうございます　113
고양이　ネコ　31
고추　唐辛子　23
고추장
　コチュジャン、唐辛子味噌　147
고프다　(お腹が)空く　147
고향　出身地　43
골프　ゴルフ　85
골프를 치다　ゴルフをする　85
곳　所　122
공　0(ゼロ)　35
공무원　公務員　43
공부　勉強　67
공연　公演　85
공원　公園　95
공포 물　ホラーもの　59
과자　菓子　21
관광　観光　25
관광객　観光客　52
관심　関心　111
괜찮다
　大丈夫だ、構わない　107
괴물　怪物　131
교류　交流　19
교사　教師　19
교토　京都　70
구　九　34
구경하다　見物する　88
구두　革靴　17
국물　汁　151
국밥　クッパ　26
군마　群馬　28
권　冊　39
귀　耳　21
귀걸이　イヤリング　89

귀국하다　帰国する　136
규슈　九州　28
귤　ミカン　39
그~　その~　56
그거　これ(그것の縮約形)　55
그것　それ　56
그냥　ただ　95
그때　そのとき　113
그래도　それでも　85
그래서　それで、そのため(直前
　の事柄の影響で)　107
그래요
　そうです、そうしましょう　104
그래요?　そうですか?　61
그러니까　だから(直前の事柄を
　主張の根拠として)　107
그러면　それでは　107
그러세요?　そうでいらっしゃい
　ますか?　95
그런데　ところで　107
그럼　じゃあ　55
그럼요　もちろん　79
그렇게　そのように、そう　107
그렇다　そうだ　153
그렇지만　けれども(事実はそう
　だが)　107
그리고
　そして(並べ立てて)　107
그리다　描く　143
그림　絵　143
그쪽　そちら　109
근무　勤務　67
근처　近所、近く　61
글쎄요　そうですねぇ…(確答と
　避けて)　141
금방　すぐ　108
금연　禁煙　30
금요일　金曜日　67
기다리다　待つ　76
기쁘다　嬉しい　153
기사　運転手　51
기사님　運転手さん　51
길　道　83

길 건너 道を渡ったところ 83	넷〈네〉 四つ 36	도움이 되다 役に立つ 122
길다 長い 131	년 年 35	도전 挑戦 149
김유진 キム・ユジン 40	노는 날 休み 119	도착 到着 67
김치 キムチ 27	노란 것 黄色いの 144	도착하다 到着する 103
까맣다 黒い 161	노랗다 黄色い	도쿄 東京 28
~까지 ~まで 101	노래 歌 15	독립 独立 33
깎아 주세요	노래방 カラオケボックス 85	돈 お金 64
まけてください 139	노력하다 努力する 87	돌아다니다 歩き回る 95
깨끗하다 清潔だ 144	노트 ノート 39	동대문시장 東大門市場 119
꼭 必ず 97	노트북 ノートパソコン 58	동료 同僚 33
꽃 花 27	놀다 遊ぶ、休む 76	동생 弟・妹 27
끄다 消す 132	농구 バスケットボール 88	동안 (時間的な)間、期間 101
끝나다 終わる 111	누구 誰 55	돼지 豚、亥 21
끝내다 終える 156	누나 (弟から見た)姉 15	돼지고기 豚肉 144
	~는 ~は 44	되다 なる 75
	-는데 -んだけど 143	두 二つの 36
ㄴ	늦게 遅く 115	두부 豆腐 17
나 僕/私 44	늦다 遅れる、遅い 123	둘 二つ 36
나라 国 15	-니까 -だから 109	둘이서 2人で 110
나라 奈良 80	님 様 41	드라마 ドラマ 122
나오다 出て来る 113		드라이브 ドライブ 67
나이 歳 59		드레스 ドレス 122
나중에 後で 105	**ㄷ**	드리다 差し上げる 101
낙지 手長タコ 154	다니다 通う 79	듣다 聞く(ㄷ変則) 113
난방 暖房 145	다르다 違う 147	~들 ~たち 85
날 日 119	다리 脚 15	들어오다 入ってくる 148
날씨 天気 117	다섯 五つ 36	디브이디 DVD 17
남기다 残す 136	다음 次 67	디자인 デザイン 141
남겨 두다 残しておく 136	다음 달 来月 101	따뜻하다 暖かい 116
남대문 南大門 98	다음 주 来週 95	딸 娘 27
남자 男の人 154	다이빙 ダイビング 88	딸기 イチゴ 105
남자 친구 彼氏 57	단어 単語 30	때 時 98
남편 夫 51	닫다 閉める 132	떡 餅 138
남편 되시는 분 ご主人 51	달러 ドル 36	또 また 123
낫다 直る 162	닭 ニワトリ、鶏 31	띠 干支の年 49
낫다 ましだ 162	담배 タバコ 110	
내~ 私の~ 55	대개 たいてい 67	
내년 来年 101	대학교 大学 101	**ㄹ**
내려오다 降りてくる 132	대학생 大学生 52	-ㄹ 거예요
내일 明日 101	대학원생 大学院生 49	①-(し)ようと思います 96、124
냉면 冷麺 27	더 さらに、もっと 103	②-(する)でしょう、-(する)
냉장고 冷蔵庫 65	덕분에 お陰で 153	と思います 103、124
너무 すごく、あまりに 115	덥다 暑い 149	-ㄹ 거예요?
넣다 入れる 147	데리다 連れる 129	-(する)んですか 95
네 ええ、はい 51	데이트하다 デートする 85	-ㄹ 수 있다
네 四つの 36	~도 ~も 63	-(する)ことができる 155
-네요	도로 道路 15	
-(し)ますね、ですね 131	도와주다 助けてくれる 117	-ㄹ 테니까 -(する)から 136

- ㄹ게요 -(し)ますね 108
- ㄹ까요? -(し)ましょうか?、
  -(する)でしょうか? 102
- ㄹ래요? -(し)ます? 148
~라고 합니다
  ~と申します 45
~라는 ~という 131
~라도 ~でも 104
-러 가다 -しに行く 86
리포트 レポート 120
~로 ①~で 81
  ②~へ(方向を表す) 147
로비 ロビー 119
~를 ~を 68

ㅁ

마르다 乾く 161
마시다 飲む 73
마우스 マウス 15
마음에 들다 気に入る 141
마트 スーパー 65
마흔 四十 36
~만 ~だけ 137
만 万 34
만나다 会う 83
만들다 作る 103
만화 漫画 71
많다 多い 76
많이 たくさん 32
말 言葉 27
말 ウマ 49
맛있다 おいしい 76
맞다 合う 76
맡기다 任せる 143
매일 毎日 68
맵다 辛い 99
머리 頭、髪 15
머리띠 ヘアバンド 89
먹다 食べる 73
먹어요 食べます 75
먼저 まず 119
멋있다 カッコいい 40
메시지 メッセージ 17
멜로 물 恋愛もの 59
-면 -(す)れば、-(し)たら
  109
-면 되다 -ればいい 155

면세점 免税店 95
명 名 37
명동 明洞 155
몇 何~〈数を尋ねる〉 55
몇 년 何年、何年か 113
모르다 知らない 98
모습 姿 122
모자 帽子 17
모자라다 足りない 155
목걸이 ネックレス 77
목요일 木曜日 67
몸 体 89
몸매 スタイル 87
못 ~できない 113
못 올거야
  来られないと思うよ 40
못하다 できない 32
무료 無料 19
무리 無理 15
무슨~
  何の~〈種類を尋ねる〉 49
무슨 요일 何曜日 33
무엇 何 55
문 ドア 132
문제 問題 123
묻다 尋ねる 114
물냉면 水冷麺 32
물어보다 尋ねる 153
뭐 何(무엇의 縮約形) 21
뭘 何を(무엇을의 縮約形) 73
미니홈피
  ミニホームページ 61
미래 ミレ(人名) 40
미술 美術 89
미술관 美術館 95
미안하다 申し訳ない 107
민속촌 民俗村 95

ㅂ

바꾸다 換える 130
바나나 バナナ 15
바다 海 17
바쁘다 忙しい 107
바지 ズボン 17
박물관 博物館 95
박미래 パク・ミレ 129
밖 外 26

반 半 36
반갑다 嬉しい 149
반갑습니다
  お会いできて嬉しいです 43
반말 パンマル(タメ口) 159
반찬 おかず 108
받침 パッチム 25
발음 発音 30
밥 ご飯 27
방 部屋 61
방법 方法 142
방학 (学校の)長期休暇 107
배 船 79
배 お腹 147
배 고프다 お腹が空く 147
배용준 ペ・ヨンジュン 47
배우 俳優 53
배우다 習う 75
배워요 習います 75
백 百 34
백화점 百貨店 32
뱀 ヘビ 49
버스 バス 15
~번 ~回、~番 113
번호 番号 59
변경하다 変更する 154
변호사 弁護士 51
별로 あまり、そんなに 87
병원 病院 59
보기 見た目 147
보내다 送る 75
~보다 ~より 142
보다 見る 76
보이다 見せる 99
보통 ふつう 67
본고장 本場 147
볼링 ボウリング 85
봉투 袋 145
부르다 呼ぶ 162
부모 父母 15
부산 プサン 47
부인 妻 51
부장님 部長 103
부탁 お願い 120
~부터 ~から(時) 102
분 分 36
분홍색 ピンク 141
불 火、電気 132

블로그　ブログ　61
비결　秘訣　120
비비다　混ぜる　147
비빔밥　ビビンバ　59
비싸다　（値段が）高い　99
비행기　飛行機　79
빨간 것　赤いの　144
빨갛다　赤い　161
빨래　洗濯　67
빨리　早く　75
빵　パン　161

ㅅ

사　四　34
사과　りんご　21
사다　買う　76
사람　人　27
사랑　愛　27
사례　事例　18
사모님　奥さま　51
사이즈　サイズ　141
사장　社長　56
사장님　社長　41
사진　写真　61
사회　司会　143
산　山　154
살　歳　36
살다　住む　80
삼　三　34
삼촌　おじさん　102
삿포로　札幌　28
색〈色〉　色　141
〜생　〜生まれ　35
생각　考え　147
생각(이) 나다
　　思い出す　142
생일　誕生日　31
서른　三十　36
서비스　サービス　139
서울　ソウル　59
서울역　ソウル駅　157
선물　プレゼント　77
선생님　先生　27
선수　選手　52
섭섭하다　寂しい　153
성함　お名前　130
세　三つの　36

세계　世界　18
세기　世紀　132
〜세요?　〜ですか?　50
-세요?　-ますか?、-ですか?
　　80
세이코　聖子　42
세종　世宗（朝鮮王朝第四代王）
　　132
셋　三つ　36
소　ウシ　49
소개하다　紹介する　101
소고기　牛肉　144
소중히　大事に　156
속　中　64
손님　お客さん　123
쇼핑　ショッピング、買い物　67
쇼핑하다
　　ショッピングする　88
수박　スイカ　150
수요일　水曜日　67
숟가락　スプーン　27
술　お酒　85
쉰　五十　36
쉽게　簡単に　157
스무　二十の　36
스물　二十　36
스웨터　セーター　138
스케이트　スケート　85
스키　スキー　85
스팸메일　迷惑メール　61
시　時　36
-시-　尊敬の補助語幹　96
시각표　時刻表　157
시간　時間　36
시계　時計　10
시내　市内　85
시디　CD　17
시장　市場　95
시합　試合　88
식당　食堂　83
식사　食事　67
식사하다　食事する　147
신　神　132
신경 쓰다　気を使う　150
신문　新聞　77
신발　靴　69
신주쿠　新宿　88
신칸센　新幹線　79

싫다　嫌だ　148
싫어하다　嫌う　122
십　十　34
싸게 하다
　　安くする、まける　139
싸다　安い　77
쓰다　使う　75
쓰레기　ゴミ　23
〜씨　〜さん　40
씻다　洗う　162

ㅇ

아　ああ　73
〜아　呼びかけの助詞　40
-아　-(し)て　97
아가씨　お嬢さん　41
아기　赤ちゃん　24
아까　さっき　23
아뇨
　　いいえ（아니요の縮約形）　55
아니에요　じゃありません　55
아니요　いいえ　49
아들　息子　27
아리랑　アリラン　131
아버지　お父さん　16
아빠　パパ　23
-아 보다　-(し)てみる　95
-아서　-(し)て　115
-아야 되다
　　-(し)なければならない　154
-아요　-ます、-です　74
아우　（兄から見た）弟　12
아이　子ども　120
아이티　IT　79
-아 주세요
　　-(し)てください　130
-아 주시겠어요?　-(し)てく
　　ださいますか?　130
아저씨　おじさん、ご主人　23
아주머니　おばさん、奥さん　41
아줌마　おばちゃん　41
아직　まだ　61
아침　朝　73
아파트　マンション　23
아프다　痛い　24
아홉　九つ　36
아흔　九十　36

177

안 否定の副詞 ～ない 69
안 中 156
안 되다 ダメだ 135
안내 案内 70
안내하다 案内する 119
안녕하세요? こんにちは 42
안녕하십니까?
　こんにちは 33
～안으로 ～中に 156
앉다 座る 104
알다 知る、分かる 74
알아보다 調べる 132
-았- 過去の補助語幹 86
앞 前 26
앞으로 これから 97
앞집 向かいの家 65
애들 子どもたち 136
애인 恋人 92
야구 野球 19
야구 선수 野球選手 53
약속 約束 110
약속시간 待ち合わせ 126
양 ヒツジ 49
얘기 話 113
얘기하다 言う 150
-어 -(し)て 97
어느～ どの～ 56
어느거 どれ 56
어느것 どれ 56
어디 どこ 55
어때요? どうです? 141
어떤～
　どんな～〈様子を尋ねる〉 55
어떻게 どのように、どういう手
　段で 79
어떻다 どうだ 161
어머 あら、まあ 95
어머니 お母さん 15
-어 보다 -(し)てみる 95
-어서 -(し)て 115
-어야 되다 -(し)なければなら
　ない 154
-어요 -ます、-です 74
어울리다 似合う 133
어제 昨日 101
-어 주세요
　-(し)てください 130
-어 주시겠어요? ～(し)てく

ださいますか? 130
억 億 34
언니 (妹から見た)姉、お姉さん
　(年上の親しい女性への呼称)
　27
언제 いつ 55
얼굴 顔 87
얼마 いくら 55
얼마 전에 ちょっと前に、この
　間 117
없다 ない、いない 31
～에 ①～へ(場所を表す) 63
　②～に(時を表す) 67
　③～に(～につき、～あたり)
　73
　④～で(相当を表す) 131
에리카 絵理果 47
～에서 ～で 81
에이 A 12
엔 円 35
LCD TV 液晶テレビ 65
여기 ここ 47
여기 있어요 はい、これ。 60
여기저기 あちこち 95
여덟 八つ 36
여든 八十 36
여러가지 いろいろ 81
여보세요 もしもし 19
여섯 六つ 36
여유 余裕 64
여자 女の人 19
여자 친구 彼女 58
여행 旅行 67
역 駅 64
역사 歴史 157
역시 やっぱり 147
연락 連絡 67
연락처 連絡先 107
열 とお 36
열다 開ける 132
열심히 一生懸命 87
영어 英語 31
영화 映画 59
예뻐지다 きれいになる 157
예쁘다 すてきだ、かわいい 76
예순 六十 36
예약 予約 70
～예요 ～です 50

옛 궁터 昔の王宮跡 95
오 五 34
오늘 今日 101
오다 来る 75
오빠 (妹から見た)兄 23
오사카 大阪 28
오이 きゅうり 12
오전 午前 89
오징어 イカ 31
오키나와 沖縄 88
오후 午後 89
온라인 게임
　オンラインゲーム 61
올해 今年 101
옷 服 26
와이프 妻 51
왕 王 132
왜 なぜ 21
외국 外国 83
외출 外出 67
～요
　丁寧な意味をそえる終助詞 57
요금 料金 83
요리 料理 19
요즘 最近、このごろ 107
요코하마 横浜 88
욕실 浴室 65
용 龍 49
용돈 小遣い 102
우리 私たち、うち 15
우산 傘 138
우아 優雅 12
우표 切手 23
운동 運動 67
운전 運転 70
원 ウォン 35
원숭이 サル 49
원장 院長 51
원장님 院長さん 51
월 月 35
월요일 月曜日 67
위도 緯度 144
유람선 遊覧船 95
유리 ガラス 19
유명하다 有名だ 111
유진 ユジン(人名) 40
유학생 留学生 53
육 六 34

~으로 ~で(手段) 81	일본 분 日本の方 51	저거 あれ(저것의 縮約形) 56
~은 ~は 44	일본 사람 日本人 43	저것
-은데 -んだけど 143	일본어 日本語 82	あれ(저것은의 縮約形) 56
은행 銀行 65	일어나다 起きる 157	저게
~을 ~を 68	일요일 日曜日 67	あれが(저것이의 縮約形) 142
음 うーん 141	일찍 早く 157	저고리 チョゴリ 16
음식 食べ物、料理 122	일하다 働く 79	저기요 あのう 41
음악 音楽 30	일흔 七十 36	저렇다 ああだ 161
~의 ~の 35	읽다 読む 97	저번 この間 119
의사 医師 21	~입니다 ~です 44	저번에 この間 114
의자 イス 21	입다 着る 82	적다 少ない 120
이 二 34	잇다 継ぐ 160	적다 書く、記入する 129
이 この 56	있다 ある、いる 80	전 私가(저는의 縮約形) 49
~이 ~が 62	잎 葉 27	전 前 113
이거 これ(이것의 縮約形) 56		전문점 専門店 147
이건	**ㅈ**	전원 電源 132
이것은(이것은의 縮約形) 110		전철 電車 79
이것 これ 56	자 さあ 119	전하다 伝える 109
이게	자가용 マイカー 79	전화 電話 32
이것이(이것이의 縮約形) 107	자다 寝る 96	전화번호 電話番号 59
~이네요 ~ですね 49	자르다 切る 161	전화하다 電話する 107
~이다 ~である 107	자영업 自営業 43	젊다 若い 144
이달 今月 101	자다 寝る 24	점심 昼食 98
~이라면 ~なら 143	자전거 自転車 79	접시 お皿 27
이런~	자주	젓가락 はし 27
こういう~、こんな~ 107	たびたび、ちょくちょく 153	정도 ていど、~ぐらい 73
이렇다 こうだ 161	작년 去年 101	정말 本当、本当に 40
이름 名前 43	작다 小さい 141	정부 情報 83
이마 額 15	~잔 ~杯 37	정준호 チョン・ジュノ 40
이메일 Eメール 62	-잖아요 -じゃないですか 108	정찰제 定価販売 139
이메일 주소	잘 よく 103	제~ 私の~ 43
メールアドレス 61	잘 먹겠습니다	제가 私が 49
이박삼일 2泊3日 101	いただきます 121	제일 一番 103
이번에 今度 98	잘 안 되다	조용하다 静かだ 144
이빈 주 今週 101	うまくいかない 153	졸업하다 卒業する 111
~이세요? ~ですか? 50	잘 하다 上手だ 133	좀 ちょっと 120
이야기하다 話す 104	잘 해 주디	좀 더 もうちょっと 141
~이에요 ~です 50	よくしてくれる 101	좀 이따
이유 理由 121	~장 ~枚 37	ちょっとしてから 110
이제 もう 153	재래시장 市場 139	종이 紙 31
이쪽 こちら 80	재료 材料 81	좋다 良い 32
인기 人気 110	재미없다 面白くない 88	좋아하다 好む、好きだ 67
인터넷 インターネット 61	재미있다 面白い 79	죄송하지만
일 一 34	재밌다	申し訳ありませんが 130
일 日 35	面白い(재미있다의 縮約形) 95	-죠?
일 仕事、用事、こと 77	재일 교포 在日韓国人 43	-でしょ?、-ですよね? 114
일곱 七つ 36	저 私 43	주다 くれる 76
일본 日本 27	저~ あの~ 56	주말 週末 85

주머니 ポケット 15
주문 注文 70
주부 主婦 17
주소 住所 15
주스 ジュース 15
주의 注意 21
주차장 駐車場 64
준비 準備 67
준호 チュノ（人名） 40
중국 분 中国の方 53
중국 사람 中国人 53
중국음식 中華料理 88
쥐 ネズミ 49
즐겁다 楽しい 153
-지 마세요
　-(し)ないでください 148
지갑 財布 64
지구 地球 17
지금 今 105
지난 달 先月 101
지난 주 先週 101
지내다 過ごす 76
-지만 -(する)けれども 87
지불하다 払う 83
지저분하다 汚い 117
지키다 守る 110
지하 地下 64
지하철 地下鉄 79
지혜 知恵 18
직업 職業 43
진로 鎮露 32
짐 荷物 151
집 家、店 61
집중 集中 117
짓다 作る 162
짜다 しょっぱい 24
짧다 短い 144
찌개 チゲ 23
찍다 撮る 110
찜질방 韓国式健康ランド 104

ㅊ

차 車 23
차다 冷たい 24
참 とても、本当に 73
참 あ、そうだ（気づいたとき）
　153

창문 窓 132
찾다 探す 82
채팅 チャット 61
책 本 27
처음 はじめて 42
처음 뵙겠습니다
　はじめまして 42
천 千 34
청소 掃除 67
청춘 青春 149
체육관 体育館 88
초 秒 36
최고 最高 69
최신형 最新型 149
추리소설 推理小説 98
축구 サッカー 52
축구 선수 サッカー選手 52
출발 出発 67
춥다 寒い 97
취미 趣味 43
층 階 64
치다 打つ、(ゴルフ、テニスを)
　する 85
치르다 払う 162
치마 スカート 23
친구 友達 27
친구 분 お友達 51
친절하다 親切だ 139
칠 七 34
침략 侵略 33

ㅋ

카드 カード 83
카레 カレー 103
커피 コーヒー 23
커피숍 コーヒーショップ 83
컴퓨터 コンピューター 61
컵라면 カップラーメン 33
케이크 ケーキ 73
켜다 点ける 132
코 鼻 23
콘서트 コンサート 85
크다 大きい 141
키가 크다 背が高い 144

ㅌ

타다 乗る、(スキーやスケートを)
　する 85、90
타워 タワー 95
타월 タオル 144
택배 宅配 83
택시 タクシー 104
테니스 テニス 47
테니스를 치다
　テニスをする 85
토끼 ウサギ 23
토요일 土曜日 67
티브이 テレビ 82
티셔츠 Tシャツ 39

ㅍ

팔 八 34
팥빙수 カキ氷 104
팩스 ファクス 61
팬 ファン 47
펜 ペン 129
편의점 コンビニ 64
포장마차 屋台 144
표 切符、チケット 23
프로 番組 131
피 血 23
피곤하다 疲れる 99
피시방 ネットカフェ 61
피우다 吸う 150
필요하다 必要だ 145

ㅎ

~하고 ~と 69
하나 1つ 15
하늘 空 132
하다 する 74
하루 1日 73
하지만 でも 61
학생 学生 27
학원 教室 82
한~ 一つの~ 15
한국 韓国 27
한국 드라마 韓国ドラマ 157
한국 분 韓国の方 51
한국 사람 韓国人 43
한국 식당 韓国食堂 131
한국말 韓国語 33

한국어　韓国語　30
한국여행　韓国旅行　33
한글　ハングル　25
한반도　朝鮮半島　27
한복　チマチョゴリ　82
～한테　～に（人）　102
～한테서　～から（人）　102
할머니　おばあさん　27
할아버지　おじいさん　30
해결되다　解決する　117
해변　海辺　70
해요　します　67
해킹　ハッキング　61
핸드폰　携帯電話　56
허리　腰　15
헌혈　献血　149
헤어지다　別れる　117
현금영수증　現金領収証　145
형　（弟から見た）兄　27
호랑이　トラ　49
호텔　ホテル　70
혼자　一人、一人で　95
홋카이도　北海道　88
화요일　火曜日　67
화장실　トイレ　64
환웅　桓雄（建国神話に登場する
　天帝の子）　132
회　刺し身　21
회사　会社　56
회사원　会社員　43
회의실　会議室　103
후배　後輩　101
휴가　休暇　83
흥정　値段交渉　139
희다　白い　21
흰색　白　141
히로시마　広島　83
힘들다　大変だ、しんどい　99

著者

長谷川由起子 はせがわ ゆきこ

大阪外国語大学朝鮮語学科卒業。同大学大学院修士課程修了。延世大学校韓国語学堂へ語学留学後、韓国語通訳・翻訳・講師業を務め、現在、九州産業大学国際文化学部准教授。専門は韓国語学、音声学、韓国語教育法。2010年9月～2011年3月、NHKラジオ講座「まいにちハングル」講師。著書に『コミュニケーション韓国語 聞いて話そうⅠ・Ⅱ』(白帝社)、『高校生のための韓国朝鮮語 好きやねんハングル1・2』(共著、白帝社)、『外国語教育は英語だけでいいのか―グローバル社会は多言語だ!』(共著、くろしお出版)など。訳書に、『北朝鮮から逃げぬいた私』(毎日新聞社)、『パリの恋人 上・下』(竹書房)など。

韓国語スタート!

2008年 5月27日 初版発行
2017年 4月26日 第6刷発行

著 者	長谷川由起子
企 画	有限会社 HANA
編 集	松島彩
編集協力	尹ボラ
カバー・本文デザイン	木下浩一 (UNGROUN)
カバー・本文イラスト	カトウ ナオコ
DTP	有限会社共同制作社
CD編集	株式会社パシフィック・ミュージック・コーポレーション
印刷・製本	株式会社平河工業社
発行人	平本照麿
発行所	株式会社アルク
	〒102-0073 東京都千代田区九段北 4-2-6 市ヶ谷ビル
TEL	03-3556-5501
FAX	03-3556-1370
E-mail	csss@alc.co.jp
Website	http://www.alc.co.jp/
製品サポート	http://www.alc.co.jp/usersupport/

© Hasegawa Yukiko / ALC PRESS INC. Printed in Japan.
PC:7007201 ISBN:978-4-7574-1384-9

落丁本、乱丁本は弊社にてお取り替えいたしております。アルクお客様センター
(電話:03-3556-5501 受付時間:平日9時～17時)までご相談ください。
本書の全部または一部の無断転載を禁じます。
著作権法上で認められた場合を除いて、本書からのコピーを禁じます。
定価はカバーに表示してあります。

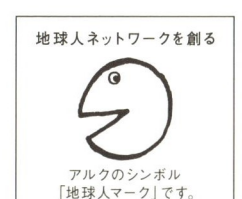

地球人ネットワークを創る

アルクのシンボル
「地球人マーク」です。